POCHE ESCAPE GAME

Les péripéties d'Ulysse

Valérie Cluzel

LAROUSSE

Direction de la publication : Carine Girac-Marinier
Édition : Nadine Martrès
Direction artistique : Uli Meindl
Conception graphique : Sophie Rivoire
Mise en pages: SKGD-Création
Lecture-correction : Christophe Barré
Fabrication : Marlène Delbeken

Crédits illustrations : © Shutterstock et © AdobeStock

ISBN : 978-2-03-599728-9

21, rue du Montparnasse - 75283 Paris Cedex 06

Achevé d'imprimer en Italie par STIGE
Dépôt légal : février 2021 - 327257/01
N° de projet : 11045635 - février 2021

Conforme à la loi 49-956 du 16 juillet 1949 sur les publications destinées à la jeunesse.

PAPIER À BASE DE FIBRES CERTIFIÉES

LAROUSSE s'engage pour l'environnement en réduisant l'empreinte carbone de ses livres. Celle de cet exemplaire est de : 450 g éq. CO_2
Rendez-vous sur www.larousse-durable.fr

INTRODUCTION

Ce livre te propose de vivre l'incroyable voyage d'Ulysse et de ses compagnons dans toute la mer Méditerranée en incarnant l'un des plus grands héros de la Grèce antique. Tu devras faire preuve de beaucoup de courage, mais aussi de logique pour résoudre toutes les énigmes et dépasser les obstacles qui croiseront ton chemin.

Ton escape-book contient un jeu par page et les solutions sont à la fin, à partir de la page 115. Les jeux peuvent être résolus indépendamment les uns des autres, mais ils ont été pensés pour être joués dans l'ordre afin que tu suives le déroulé de l'histoire.

Ton aventure commence dans ton royaume, à Ithaque, avec ta femme, Pénélope, et ton fils, Télémaque. Ton pays est en paix et tu coules des jours heureux en famille. Mais ton destin va changer aujourd'hui, avec l'arrivée de deux messagers d'importance. Dès que tu te sens prêt, passe à la page suivante.

BONNE CHANCE ULYSSE !

LES DIEUX ET LES HÉROS

ZEUS
Le roi des dieux.

ATHÉNA
Déesse de la guerre et de la sagesse.

APHRODITE
Déesse de l'amour.

APOLLON
Dieu de la lumière.

ARTÉMIS
Déesse de la chasse.

DIONYSOS
Dieu du vin et de la fête.

HÉPHAÏSTOS
Dieu du feu.

HERMÈS
Messager des dieux.

HÉRA
Déesse du mariage.

POSÉIDON
Dieu de la mer.

ARÈS
Dieu de la guerre.

DÉMÉTER
Déesse de la Terre.

HADÈS
Dieu des Enfers.

HESTIA
Déesse du foyer.

JASON

MINOTAURE

PÉGASE

Confortablement installé dans ton klismos* en compagnie de Pénélope et de Télémaque, tu reçois la visite des rois Agamemnon et Ménélas. Les présentations faites, tu leur demandes la raison de leur venue. Leur voyage semble les avoir beaucoup fatigués car ils te racontent une histoire dans le désordre.

Replace les phrases dans l'ordre pour découvrir où ils veulent t'emmener.

T

Pâris, un prince d'un autre royaume, est venu à Sparte rendre visite à sa tante Hésione. Ménélas lui a généreusement offert le gîte et le couvert.

E

Les deux rois font ainsi appel au royaume d'Ithaque pour combattre avec eux une citée connue pour être imprenable.

I

Le frère de Ménélas, Agamemnon, a accepté de l'aider à récupérer Hélène. Mais, pour cela, ils doivent lever une grande armée.

R

Le prince Pâris a abusé de la confiance du roi en se rapprochant de sa femme, Hélène.

O

Le jour de son départ pour rentrer chez lui, Pâris a enlevé la reine Hélène pour qu'elle devienne sa femme.

I R O I E

*Klismos : chaise de la Grèce antique au dossier incurvé.

C'est donc à Troie que Ménélas et Agamemnon te demandent de les accompagner. Avant de prendre ta décision, comme le veut la coutume, tu consultes le devin du royaume, qui te répond par ces symboles.

Que veut-il te dire ?

Si tu part ton re-
-tour sera semer
denbuche

L'annonce du devin n'est pas très rassurante, mais ton devoir passe avant tout. Tu acceptes de suivre les rois Ménélas et Agamemnon car ton honneur est en jeu. Tu dois maintenant préparer ton départ.

Complète cette grille de sudoku pour savoir combien de navires partiront d'Ithaque avec le tien.

		6		7	4	9	5	
4	2			9		3	6	7
5		9		6	8		4	2
8		2	7		5	6	9	
6	9							5
	5	3	9	2	6			4
	4	5		3	7		8	6
		7	6			4		
3	6		4		2			9

Tu dois remplir les cases avec des chiffres allant de 1 à 9 en veillant toujours à ce qu'un même chiffre ne figure qu'une seule fois par colonne, par ligne et par carré de neuf cases.

Il est temps de faire tes adieux à ta famille. Tu promets à Pénélope et à Télémaque de revenir bientôt. Mais Troie est une cité très lointaine, et il te faudra plusieurs semaines de navigation pour l'atteindre.

Fais le point sur les vivres embarqués sur l'ensemble de tes navires.

Tes navires rejoignent la gigantesque flotte grecque, qui réunit les armées de la plupart des rois du pays ayant accepté l'invitation d'Agamemnon et de Ménélas. Parmi eux, tu reconnais le roi des Myrmidons, Achille. Après un long périple, vous débarquez sur une grande plage, à quelques kilomètres de la cité de Troie. Tu aides à l'installation du campement.

Colorie les tentes de façon à satisfaire tous les rois.

Ménélas :	« J'ai une tente rouge et je veux être à côté de mon frère, Agamemnon. »
Agamemnon :	« Ma tente est bleue. Je veux être le plus loin possible d'Achille. »
Achille :	« Ma tente est noire. Je ne veux pas plus d'un voisin et je ne veux pas être au nord. »
Ajax :	« Ma tente est jaune. J'aime mieux être installé vers le sud. »
Toi-même :	Ta tente est verte et tu veux être au centre du camp.

Durant les semaines et les mois suivants, les batailles se succèdent aux portes de la cité, qui reste imprenable. Contrairement à Achille, qui court au combat sans réfléchir, tu prends le temps d'observer tes ennemis. Hector, frère de Pâris, semble être le plus puissant des Troyens.

Repère les 7 différences qui se sont glissées entre les deux images du guerrier.

Agamemnon remarque qu'Achille garde prisonnière dans sa tente une Troyenne nommée Briséis. Le roi veut qu'elle reste avec les autres prisonniers. Une nuit, Apollon apparaît dans tes songes pour te délivrer un message. À ton réveil, tu graves les mots qu'il t'a soufflés sur du marbre, mais ils n'ont aucun sens. Tu comprends alors que les lettres ont été décalées d'un rang dans l'alphabet. Un B correspond donc à un A, etc.

Décrypte le message d'Apollon en suivant le code.

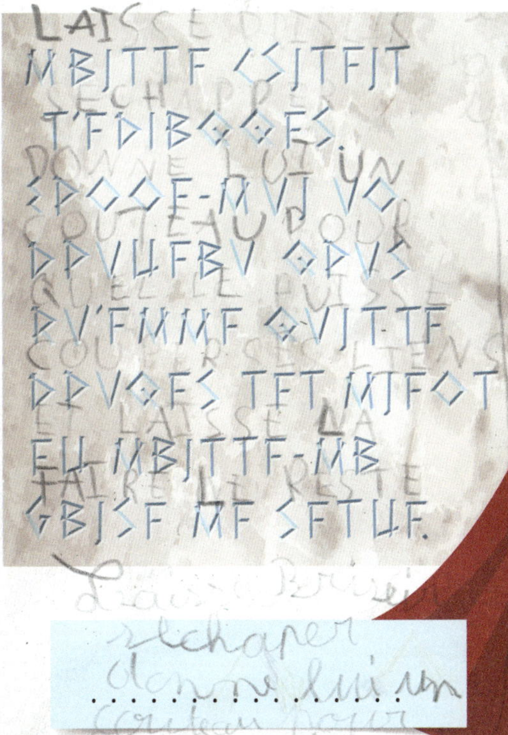

. . . .

Briséis est parvenue à s'échapper. Agamemnon et Achille sont furieux. Le lendemain, Achille refuse de combattre et votre camp enchaîne les défaites. Soudain, tu comprends qu'Apollon est le dieu vénéré par les Troyens ! Il t'a tendu un piège pour que tu libères Briséis ! Tu vas devoir réparer cette erreur si tu veux que ton camp gagne enfin une bataille. Plus tard, tu découvres un drôle de dessin dans ta tente.

Classe ces amphores de la plus grande à la plus petite pour faire apparaître le nom d'un objet.

Grâce à cette découverte, tu sais maintenant comment te racheter auprès de tes compagnons de bataille. On dit que c'est cette statue qui donne son invulnérabilité à Troie. Si tu arrives à la dérober, la cité devrait perdre sa protection.

Quel chemin dois-tu suivre pour trouver le palladium ?

Tu es arrivé devant la statue sans te faire repérer, mais tu dois maintenant la détacher de son socle.

Coupe la figure en deux parties de même taille et de même forme sans lever ton crayon.

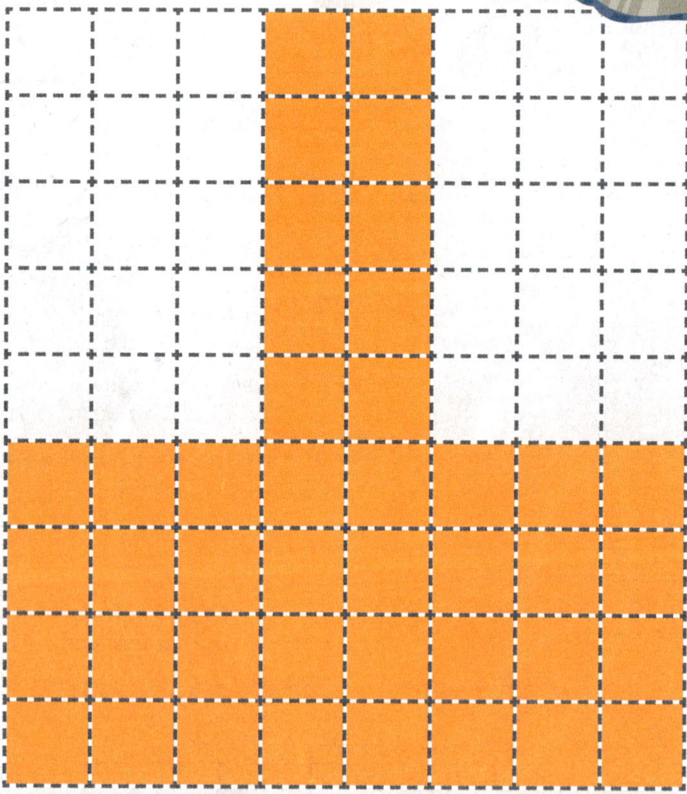

Personne ne t'a remarqué dans la cité troyenne, ton expédition est un succès ! Tu ramènes le palladium à Agamemnon, qui t'annnonce une autre bonne nouvelle : Achille vient de tuer Hector, le frère de Pâris. Mais comment faire pour assiéger la ville ?

Complète cette grille de mots croisés pour découvrir la stratégie imaginée par le Conseil des rois. Pour cela, reporte les lettres associées à un chiffre dans les cases numérotées.

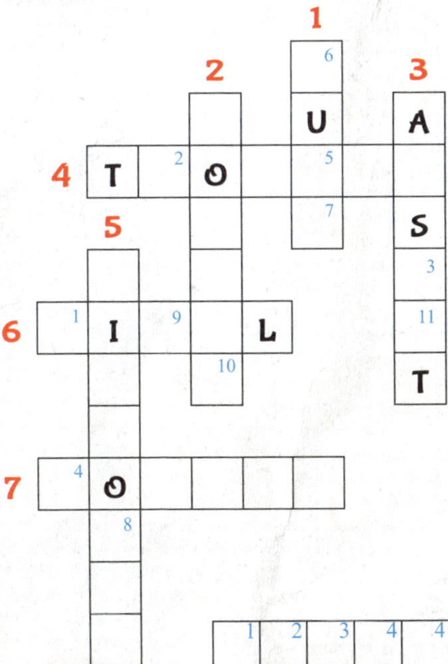

1 Affrontement entre deux guerriers.

2 Synonyme de lutte.

3 Attaque vers l'avant. Synonyme d'abordage.

4 Ceux contre qui les Grecs se battent.

5 Les deux camps veulent l'obtenir. Contraire de « défaite ».

6 Le dernier.

7 Celles de Troie restent fermées.

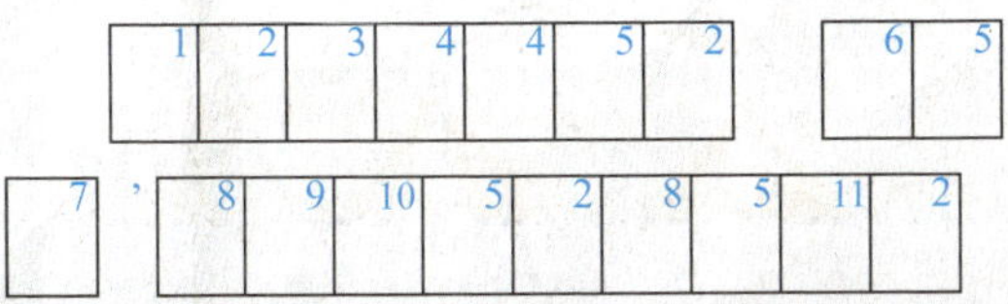

Tu as l'ingénieuse idée de construire un grand cheval creux en bois et de faire croire aux Troyens que c'est une offrande aux dieux. Toi et tes compagnons, vous vous cachez à l'intérieur et attendez que les Troyens le ramènent dans leur cité. Vous pourrez ainsi attaquer de l'intérieur à la nuit tombée. Pour que ton plan fonctionne, il faut fournir une corde pour que chaque soldat puisse descendre du cheval.

Places-en une à côté de chaque soldat, à l'horizontale ou à la verticale, mais pas en diagonale. Les chiffres en haut et à gauche de la grille te donnent le nombre de cordes présentes sur chaque ligne et chaque colonne. À la fin, il doit y avoir autant de cordes que de soldats.

	2	0	1	2	1	1	2	1
2								
2								
2								
0								
1								
3								

Aide : commence par barrer les lignes et les colonnes où il n'y a aucune corde. Aucune corde n'en touche une autre.

Le plan du cheval est fait, il ne reste plus qu'à le construire.

Reproduis ce dessin en t'aidant de la grille et colorie-le pour terminer ton piège.

Les Troyens tombent dans ton piège, et le cheval entre dans la ville. À la nuit tombée, avec une dizaine de soldats, vous en descendez. Mais tu dois encore ouvrir les portes à l'armée d'Agamemnon.

Pour découvrir le seul chemin possible au milieu des zones surveillées, colorie toutes les cases dont le résultat est inférieur à 10.

33 ÷ 3	24 ÷ 2	16 – 9	4 × 2	3 × 3
45 ÷ 5	8 + 3	4 + 5	816 – 807	50 ÷ 10
2,5 + 5,5	407 – 395	6 × 4	6 + 3	86 – 79
4 × 1,5	54 ÷ 9	9,5 + 3,1	7 × 2	1,5 + 7,75
48 ÷ 8	206 – 198	60 ÷ 3	84 ÷ 7	5 × 2,5

Tu parviens enfin jusqu'à la porte principale de la cité sans te faire repérer. À present, il te faut l'ouvrir, mais son mécanisme est étrange.

Trouve la bonne combinaison de lettres en utilisant la légende ci-dessous.

● = 1 bien placé

● = 1 mal placé

○ = pas dans la combinaison

Aide: chaque lettre n'apparaît qu'une seule fois.

Une fois toutes les portes de la cité ouvertes, il ne faut pas longtemps aux soldats grecs pour prendre le contrôle de la ville de Troie enfin vaincue. Ménélas délivre sa femme, Hélène. Cela fait maintenant dix ans que tu as quitté Ithaque, et tu as hâte de retrouver ton royaume et ta famille. Tu fais tes adieux à Agamemnon, regroupes tes hommes et tes navires et largues les amarres.

Pour savoir quel est le nom de votre prochaine destination, remets ces lettres dans le bon ordre.

_ _ _ _ _ _ _

Arrivés à Ismaros, vous devez réunir des vivres pour le voyage du retour. Les Cicones, les habitants d'Ismaros, sont des alliés des Troyens. Par conséquent, tes hommes leur volent les vivres dont vous avez besoin.

Sachant qu'avec un tonneau de vivres vous pouvez tenir une semaine, détermine, en fonction des égalités et des vivres embarqués sur le navire, si vous avez assez de vivres pour six semaines.

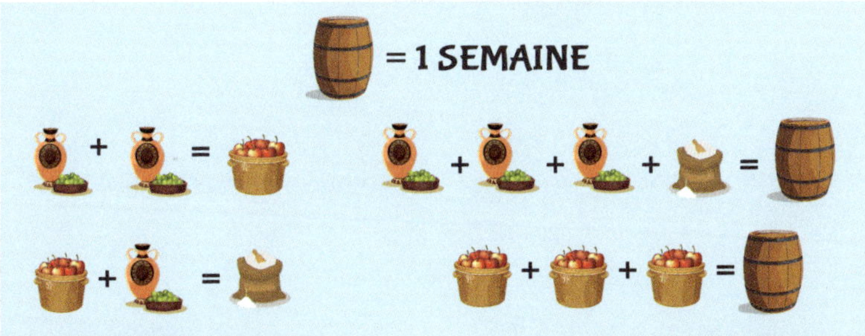

Tu dois ensuite partager cette nourriture entre les 13 navires de ta flotte. Le tien contient deux fois plus de soldats que les 12 autres, donc tu lui attribues le tonneau.

Partage le reste des vivres équitablement en reliant chaque aliment à un navire.

Tous ces calculs t'ont fatigué. Tu décides de faire une pause au calme en dessinant sur une carte l'itinéraire qui devrait vous ramener à Ithaque. Mais tout à coup, ton bras devient incontrôlable et fait apparaître un drôle de dessin.

Pour le visualiser, relie les points dans l'ordre numérique.

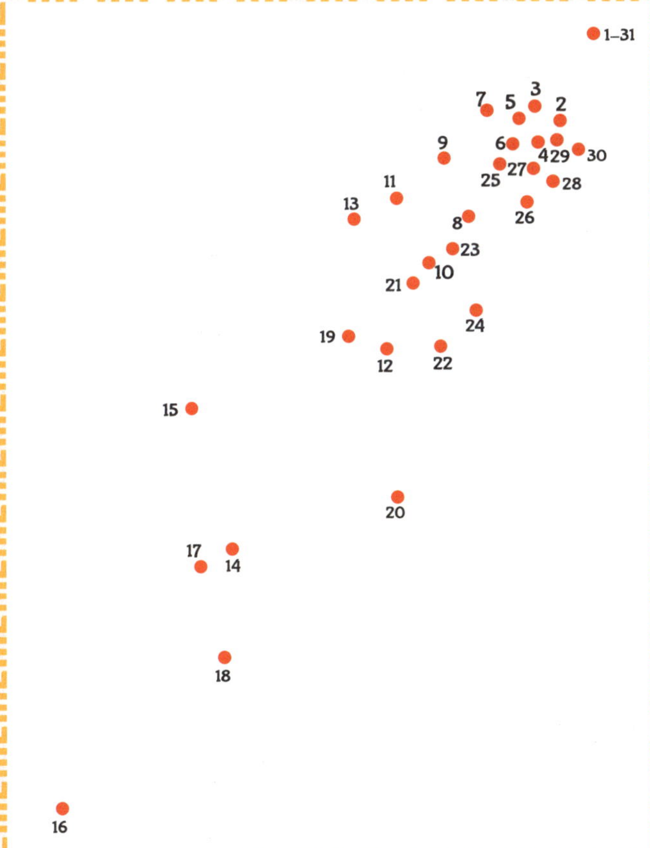

Ce dessin serait-il un mauvais présage ? Pour le savoir, tu retournes en ville dans l'espoir d'y interroger un devin, mais tu tombes sur quelques-uns de tes hommes en train de se battre avec les Cicones.

Ils sont trop nombreux, vous ne pourrez pas prendre le dessus. Tu dois vite rappeler tous tes soldats.

Repère les 12 guerriers cachés dans cette scène.

De retour sur ton navire, tu ordonnes de hisser la grande voile pour quitter l'île au plus vite, mais, dans la précipitation, tu ne sais plus quelle corde il faut libérer.

Pour t'enfuir, trouve le seul navire qui corresponde parfaitement au modèle.

Ouf ! Vous voilà de nouveau en pleine mer, mais certains de tes soldats n'ont pas eu le temps de remonter à bord.

Complète cette pyramide pour savoir combien d'hommes il te reste, sachant que chaque case est la somme des deux qui se trouvent au-dessous d'elle.

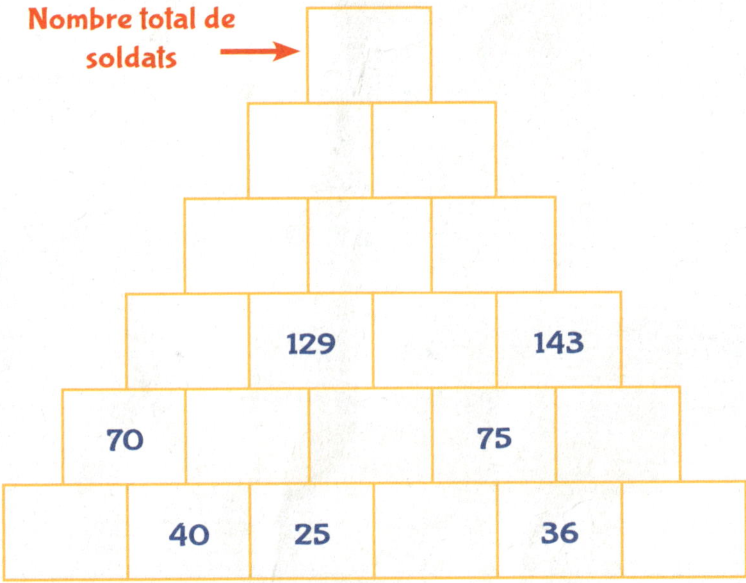

Tout à coup, des nuages noirs envahissent le ciel et des éclairs jaillissent tout autour du navire. Le dessin sur ta carte était bien un mauvais présage ! Zeus est furieux car vous avez volé des vivres aux Cicones !

Réponds à l'énigme du roi des dieux pour calmer sa colère.

Deux hommes se trouvent devant un homme, deux hommes se trouvent derrière un homme et un homme est au milieu.

Combien d'hommes y a-t-il en tout ?

La tempête finit par se calmer. Elle vous a poussés jusqu'au cap Malée.

Repère et entoure sur la carte la cité d'Ismaros, le cap Malée, et enfin ton royaume, Ithaque. La tempête vous a-t-elle éloignés ou rapprochés de votre destination ?

. . . .

Finalement, le vent du nord vous a permis d'avancer plus vite que prévu. Tu estimes être rentré chez toi dans une semaine. Hélas, c'est sans compter sur la colère de Zeus, qui vous envoie une deuxième tempête, bien plus violente que la première. Votre bateau heurte un récif.

Bouche vite les trous sur la coque en trouvant la pièce qui correspond à chacun.

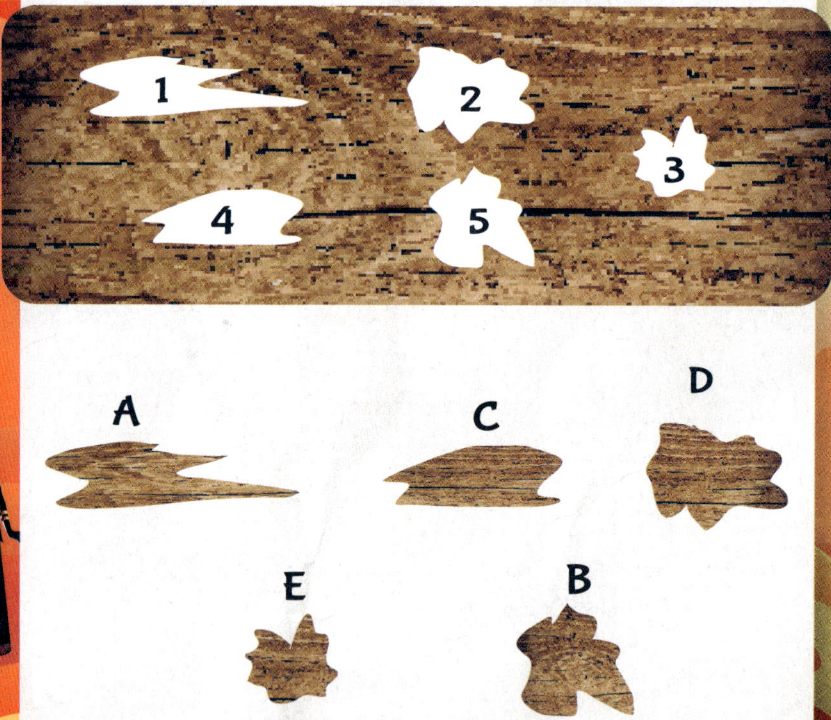

Le navire enfin réparé, vous jetez l'ancre sur l'île des Lotophages, où vous êtes chaleureusement accueillis. Alors que quelques habitants partent chercher des fruits pour le dîner, une femme te demande de faire son portrait.

Colorie ce dessin à l'aide du code-couleur.

1 2 3 4 5

Les Lotophages reviennent avec de petits fruits rouges de la taille d'un abricot. Quelque chose dans ces fruits ne t'inspire pas confiance. Tu observes attentivement la grappe qu'on vient de te donner.

Quel détail n'appartient pas aux fruits qu'on te propose?

bout de quelques jours, tu estimes qu'il est temps de
rtir. Mais aucun de tes compagnons ne veut s'en aller.
Lotophage te tend un fruit et te dit que, quand
l'auras mangé, tu ne voudras plus partir. Mais ta femme
ton fils t'attendent, tu dois ramener tes compagnons
force jusqu'aux navires.

**rès avoir complété ce carré magique, calcule,
minutes, le temps que tu vas passer à ramener
hommes en additionnant les chiffres des cases
lorées.**

8	1		=15
	5		=15
		2	=15
15=	15=	15=	=15

Diagonales : 15= / =15

Aide : la somme de chaque colonne, ligne et diagonale doit être égale à 15. Attention, chaque chiffre ne peut apparaître qu'une fois.

Tu fais semblant de manger les fruits et tu les caches dans un sac. Plusieurs de tes hommes en ont avalé, mais, bizarrement, ils n'ont pas l'air malades. Au contraire, ils ont l'air de plus en plus heureux.

Les Lotophages te proposent de participer à un jeu d'équipe. Ils te demandent de placer les joueurs sur le terrain représenté par cette grille. Les Lotophages sont représentés par un 0 et les Ithaquiens par un 1. Il doit y avoir le même nombre de 1 et de 0 sur chaque ligne et chaque colonne. Attention, tu ne peux pas placer plus de deux mêmes chiffres côte à côte.

0		0	0		1		1
1					0		
	0						1
				0			
0	0				1	1	
	0		1				0

Tu décides d'arbitrer le jeu. Chaque équipe doit se passer le ballon sans que ses adversaires l'attrapent.

Lis attentivement ces indications pour remplir logiquement le tableau de déduction de la page 35 avec des croix et des ronds, comme sur l'exemple. Tu découvriras ainsi quelle faute a commise quel joueur, contre quel adversaire et au bout de combien de temps de jeu.

1. Ahmès ne s'en est pris ni à Den ni à Chefet.
2. Elpénor n'a ni injurié ni blessé personne.
3. La bousculade sur le terrain n'a pas eu lieu durant les 20 premières minutes de jeu et n'était pas contre Den.
4. La blessure était contre Ctésippos.
5. Euryloque a commis une faute après les deux autres.
6. Ce n'est pas Ctésippos qui a été bousculé.

		TEMPS DE JEU			CONTRE QUI ?		
		15 min	21 min	34 min	Ctésippos	Chefet	Den
JOUEURS	Elpénor				X		
	Euryloque				X		
	Ahmès				O	X	X
FAUTES	Blessure						
	Bousculade						
	Injure						
CONTRE QUI ?	Ctésippos						
	Chefet						
	Den						

JOUEURS	FAUTES	CONTRE QUI ?
Elpénor		
Euryloque		
Ahmès		

Une fois à bord, tes compagnons comprennent qu'ils ont été empoisonnés par les fruits. Tu proposes de faire cap vers le nord.

Sers-toi de l'image et des indications ci-dessous pour dessiner une flèche dans la bonne direction.

C'est le matin très tôt.

Le soleil se couche à l'ouest.

L'ouest est à gauche quand le nord est en haut.

. . . .

Après plusieurs jours de navigation, vous arrivez près d'une nouvelle côte. Vous avez encore quelques vivres, mais tu décides de partir en éclaireur avec douze compagnons pour trouver des aliments frais. Soudain, une odeur de viande vous attire.

Traverse ce labyrinthe pour rejoindre la caverne d'où provient cette odeur alléchante.

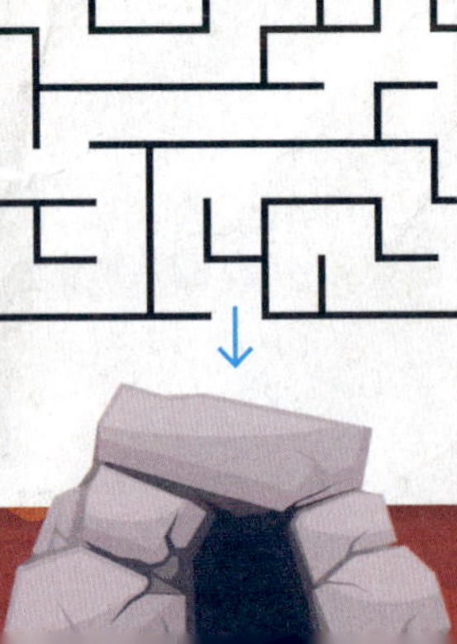

Dans la caverne, vous découvrez de quoi préparer un véritable festin. Vous prenez le temps de manger à votre faim avant de penser à ramener de la nourriture à vos compagnons restés sur les navires.

Comme tu ne pourras porter qu'un sac, choisis le plus lourd, sachant qu'un morceau de viande équivaut à deux fromages et qu'un fromage équivaut à trois aubergines.

A

B

C

D

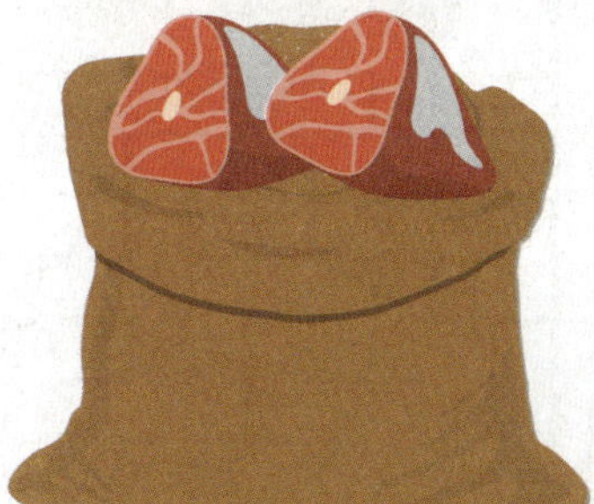

Alors que vous êtes sur le point de partir, un homme gigantesque avec un seul œil pénètre dans la caverne suivi d'un troupeau de moutons. En vous voyant, il referme la lourde porte de pierre derrière ses bêtes. Misère ! Vous avez volé de la nourriture à un Cyclope, et pas n'importe lequel. C'est Polyphème, le fils d'un dieu, mais tu ne parviens pas à te souvenir duquel.

Aide-toi des informations ci-dessous pour retrouver le père de Polyphème.

- Le père de Polyphème porte une barbe.
- Il porte une couronne sur la tête.
- La couleur de sa peau n'est pas violette.
- Il tient un objet dans sa main gauche.

ZEUS

HADÈS

POSÉIDON

APOLLON

DIONYSOS

Vous restez enfermés plusieurs heures dans la caverne du Cyclope. Il prépare un feu pour vous faire cuire avant de vous dévorer. Tu réfléchis sans trouver de solution pour vous échapper.

Heureusement, l'un de tes compagnons te remet discrètement ce message codé.

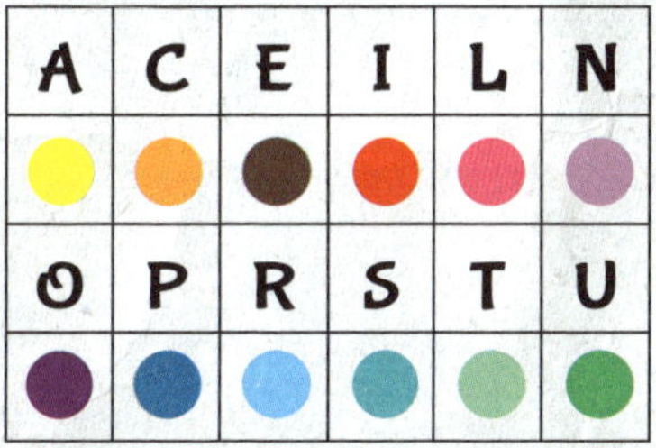

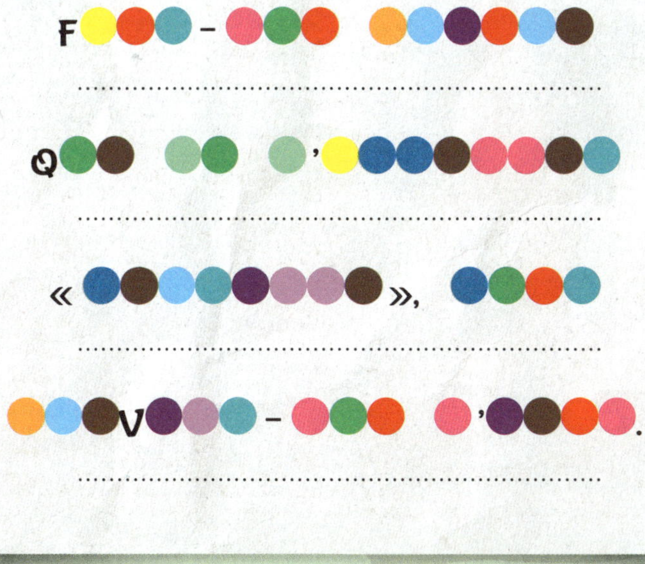

Il est temps de passer à l'action. Tu proposes au Cyclope du vin que vous aviez emporté avec vous. Tu en bois un peu pour qu'il voie qu'il n'est pas empoisonné. Au bout d'un moment, le Cyclope te demande ton nom. Tu lui réponds que tu t'appelles Personne. Peu à peu, le Cyclope, qui a bu trop de vin, s'endort. Vous en profitez pour attraper un pieu et le lui enfoncer dans l'œil.

Entoure le seul pieu qui vise en direction de l'œil du Cyclope.

Polyphème crie de douleur et attire ainsi les autres Cyclopes, qui lui demandent, à travers la porte toujours fermée, qui lui a fait mal. Polyphème répond que c'est Personne, puisqu'il croit que c'est ton nom. Les autres Cyclopes s'éloignent sans en demander davantage. Polyphème est fou de rage, il vous cherche à tâtons, sans parvenir à vous localiser. Mais il vous faut maintenant trouver le moyen de sortir.

En attendant, tu dessines sur les murs de la grotte. Recopie la partie gauche du dessin sur la partie droite en symétrie par rapport à l'axe rouge.

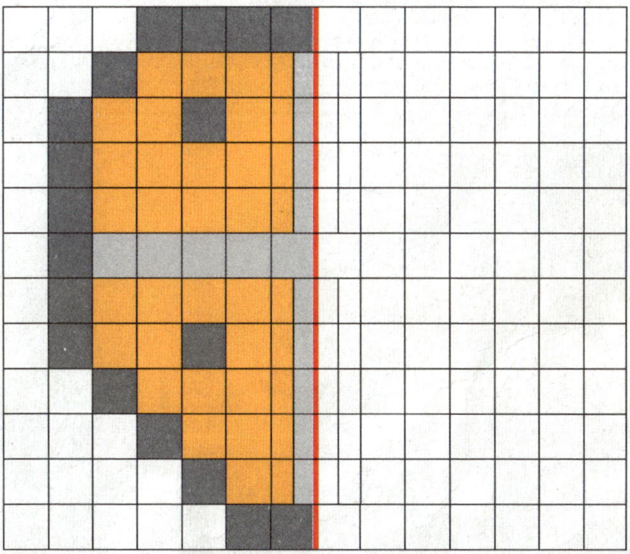

Plusieurs heures plus tard, les moutons manifestent leur envie de sortir. Polyphème leur ouvre la porte, mais, pour s'assurer que vous ne sortez pas en même temps qu'eux, toujours aveugle, il touche chaque mouton. Tu as alors une idée de génie ! Chacun de vous s'accroche sous un mouton pour sortir.

Pour t'assurer que tout le monde est prêt, observe attentivement les moutons et repère les 12 moutons qui ont une oreille grise, ce sont ceux qui vous portent avec tes compagnons.

Polyphème n'y a vu que du feu. Vous voilà enfin libres ! En courant rejoindre vos barques, tu ne peux t'empêcher de crier au Cyclope qu'il vient d'être berné par Ulysse, roi d'Ithaque, et par ses compagnons. Vous hissez aussitôt les voiles et poursuivez votre voyage.

Arrivés près de l'île d'Aiolos, ton second te propose une énigme pour te faire deviner à qui elle appartient.

Je suis le dieu
du vent.
Je vis sur cette île
appelée Aiolos.
Si on ajoutait un c
dans mon nom,
je serais l'endroit
où les enfants
apprennent à lire.

Qui suis-je ?

Le dieu du vent est bien là. Il vous accueille chaleureusement car il a entendu parler de tes exploits à Troie. Tu lui racontes vos dernières aventures depuis le départ de Troie. Le dieu accepte de t'aider si tu parviens à lui donner les noms des 12 dieux de l'Olympe.

Relie le nom de chaque dieu et de chaque déesse à l'image qui lui correspond.

HÉPHAÏSTOS | DÉMÉTER | ZEUS | ARTÉMIS | POSÉIDON | APHRODITE

HÉRA | APOLLON | HERMÈS | ATHÉNA | ARÈS | HADÈS

Éole décide de t'offrir un cadeau, mais avant il te demande de résoudre une autre énigme pour l'obtenir.

Regarde la lettre associée à chaque personnage et la place qu'il occupe par rapport à son voisin pour trouver le mot de cinq lettres qui te révélera quel est le cadeau d'Éole.

De gauche à droite = ☐☐☐☐☐

Éole a enfermé tous les vents contraires dans l'outre. Tu vas ainsi pouvoir rejoindre Ithaque plus rapidement. Éole ajoute que tu devras libérer ces vents uniquement arrivé à destination. Tu le remercies chaleureusement avant de quitter l'île. Il ne reste plus qu'à éviter les récifs.

Dans cette grille, chaque chiffre indique le nombre de récifs qui l'entourent horizontalement, verticalement et en diagonale. Noircis les 6 cases où se trouvent les récifs, en plus de celle qui est déjà coloriée, pour avancer sans danger.

0				1			0
		1	■		1		
		2					1
	0			1			
0				2		1	
							0
1		0	1	2	3		

Aide: commence par barrer les cases autour des 0.
Un récif n'en touche pas un autre.

Tu n'en reviens pas ! Après des mois de voyage depuis la cité de Troie, tu aperçois enfin les côtes de ton île. Tu es ému aux larmes, et tes compagnons crient de joie. Vous allez enfin retrouver vos familles. Vous décidez alors de fabriquer des colliers pour vos épouses. L'un de tes compagnons a trouvé des perles de toutes les couleurs dans la caverne de Polyphème.

Complète logiquement chaque collier en coloriant les perles.

Soudain, un vent violent se lève, puis un deuxième, et encore un autre. Tu te précipites dans la cale du navire. Trois de tes hommes ont ouvert l'outre d'Éole. Ils pensaient qu'elle renfermait un trésor, mais ils viennent de libérer les vents contraires, qui forment désormais une véritable tempête.

Tu notes les distances et les directions ci-dessous pour essayer de te repérer. Suis-les pour déterminer dans quelle partie de la mer Méditerranée vous allez vous retrouver.

Pars de A1 puis avance de 5 cases vers la droite, puis de 4 cases vers le bas. Poursuis le parcours en allant de 2 cases vers la droite, de 3 vers le haut, et de 5 vers la gauche. Descends encore de 3 cases et avance de 2 cases vers la droite. Monte de 2 cases. Tu es arrivé.

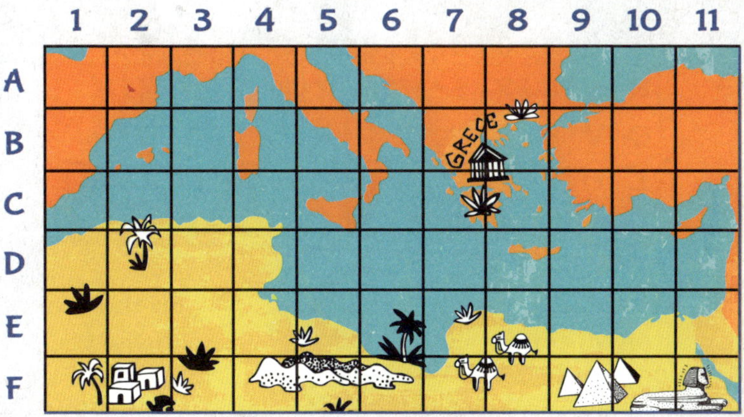

Ironie du sort, vous voilà de retour sur l'île d'Aiolos. Le dieu du vent n'est pas très content. Tu le supplies de t'aider à nouveau. Il te propose un jeu pendant qu'il y réfléchit.

Dans cette grille, tu dois retrouver les noms de tous les vents listés ci-dessous. Attention, ils peuvent apparaître dans tous les sens, même en diagonale.

A	Q	U	I	L	O	N	S	I	S	T	Y	M
C	M	E	T	L	E	M	R	L	H	F	Y	H
B	G	E	S	Y	J	D	O	T	S	G	C	S
E	A	C	Z	Q	I	S	L	U	Y	M	L	P
T	L	L	H	I	E	Z	J	M	S	I	H	O
E	E	O	A	V	L	J	S	C	H	S	U	N
S	R	M	C	G	V	A	A	X	Y	T	O	A
I	N	B	E	O	U	B	Q	N	W	R	Z	N
E	E	A	G	N	I	E	O	O	H	A	O	T
N	S	R	X	S	E	R	R	K	E	L	N	B
O	V	D	E	N	D	L	F	E	L	D	D	G
C	Q	E	U	E	N	R	W	S	M	H	A	M
D	T	O	T	O	O	C	C	O	R	I	S	E

ALIZÉ	GALERNE	MOUSSON
AQUILON	HELM	NORDET
BALAGUÈRE	LOMBARDE	PONANT
BISE	MELTEM	SIROCCO
ÉTÉSIEN	MISTRAL	ZONDA

Les Lestrygons vivent dans un pays appelé Télépyle.

Pour le rejoindre, tu dois passer par plusieurs petits îlots, représentés ici par des cercles chiffrés. Chaque chiffre précise le nombre de ponts qui relie le cercle à un ou plusieurs autres. Il ne peut y avoir qu'un pont entre deux mêmes îles et à la fin elles doivent toutes être reliées entre elles. Enfin, les ponts ne peuvent pas se croiser ni aller en diagonale.

Éole réfléchit encore et te propose un autre jeu.

Tu dois cette fois classer les vents selon leur force, du plus doux au plus violent, pour faire apparaître sa réponse.

_ _ _ _ _ _ _

Malgré tous tes efforts, Éole refuse de t'aider. Il pense que tu es maudit, et tu n'es plus le bienvenu chez lui.

Traverse vite ce tableau pour quitter l'île en avançant uniquement en suivant les vents, toujours dans cet ordre et jamais en diagonale :

Vous naviguez plusieurs jours pour éviter d'appro le pays des Cyclopes et celui d'Éole.

Complète cette grille de sudoku, dont les chiffres été remplacés par des lettres, afin de découvrir le pe qui pourrait vous acueillir.

E
G
L
N
O
R
S
T
Y

O		L		T	S	R	E	
	S			L	O			G
G		R	Y		E	O	L	S
R		N		G	L	E		T
	Y	G	E	O		L		R
Y	G		O	S	R	N	T	
		T			G	Y	R	O
N	R	O			T	S	G	

Tu dois remplir les cases avec des lettres en vei toujours à ce qu'une même lettre ne figure qu'une fois par colonne, par ligne, et par carré de neuf case

. . . .

Tu pars en reconnaissance avec un petit groupe d'hommes. Après quelques minutes de marche, tu rencontres une jeune fille. Elle te promet de te faire entrer dans le palais si tu trouves logiquement comment y accéder.

Traverse ce tableau de A jusqu'à B par un chemin continu en t'aidant des chiffres en haut et à gauche de la grille qui indiquent le nombre de cases à noircir (en comptant les cases A et B) sur chaque ligne et chaque colonne. Attention, tu ne peux pas aller en diagonale.

	3	4	3	6	1	7	1	8
1	A							
1								
7								
3								
3								
3								
5								
3								
6					■			
1								B

Aide : une case a déjà été noircie.

Tu arrives finalement devant le palais du roi de Lestrygon. La jeune fille te demande d'attendre. Quelques minutes plus tard, c'est une femme gigantesque qui fait son apparition.

Il te faut résoudre son énigme pour entrer. Attention, cette femme, sous son aspect sévère, raffole des jeux de mots !

La géante, qui est l'épouse du roi Antiphatès, t'autorise à rencontrer son mari à l'intérieur du palais. C'est aussi un géant. Le roi t'invite à son tour à résoudre une énigme pour que tu devines le sort qu'il te réserve.

Pour chaque image, écris le mot correspondant dans les cases, puis replace les lettres numérotées dans les cases du bas.

2 8 13 — 6

1 — 11

5 — 14

9 — 7

12 — 4 10

3

1 2 — 3 4 5 6 — 7 8 — 9 10 11 12 13 14

Dès que tu découvres la solution de l'énigme, tu prends tes jambes à ton cou, suivi de près par tes hommes. L'un d'eux est hélas rattrapé et aussitôt dévoré. Vite, tu dois prévenir tes autres compagnons restés au port ! Des centaines de géants sont à ta poursuite.

Trouve vite le seul chemin qui rejoint ta flotte.

Les géants se mettent à lancer de gros rochers sur vos navires. Tu essaies de repérer leur trajectoire pour donner des indications à ton second, qui essaie de les éviter.

Repère où les géants vont envoyer les rochers dans ce tableau en sachant qu'ils ne se touchent pas, même en diagonale. Les chiffres en haut et à gauche de la grille t'indiquent le nombre de rochers ou de parties de rochers qui s'y trouvent.

	3	0	2	2	2	1	2	1
2								
0								
4			X					
1								
4								
2								

Petit : moyen : grand :

Aide : sers-toi des différentes tailles et formes de rochers.

Avant de commencer, barre les cases où il ne peut pas y en avoir.

Ton navire est le seul à avoir échappé à cette terrible attaque. Les géants ont détruit les douze autres avec les hommes qui s'y trouvaient. Tu commences à croire que tu es maudit, mais tu n'as pas d'autre choix que de continuer ton périple.

Pour savoir combien de compagnons il te reste, résous ces opérations et reporte les totaux dans les cases colorées, en sachant que le symbole Σ remplace toujours le même chiffre.

Σ	+	3	×	3	=	....
11	×	Σ	+	11	=	....
45	–	25	÷	10	=	Σ

....	+	....	÷	....	=	....

Vous vous dirigez vers l'est jusqu'à l'île d'Ééa pour faire à nouveau le plein de vivres. L'île paraît inhabitée, et c'est tant mieux, car tu commences à en avoir assez de faire de mauvaises rencontres. Tu dis à tes hommes de se reposer tandis que tu pars chasser dans la forêt. Au bout d'un certain temps, tu reconnais plusieurs empreintes d'animaux sauvages.

Relie chaque empreinte à son propriétaire. Quelle proie sera la plus adaptée pour nourrir tes hommes ?

1 2 3 4 5

B

C

D

E

A

Tu retrouves rapidement le cerf et l'emportes avec toi. Sur le chemin du retour, tu aperçois de la fumée, au loin. Revenu sur le bateau, tu proposes de préparer le repas tandis que tes compagnons partiront en éclaireurs pour voir d'où vient cette fumée. Au bout de quelques heures, tu vois l'un d'eux, Euryloque, revenir en courant. Il est à bout de souffle, et tu ne comprends pas tout ce qu'il te dit.

Remets ces groupes de mots dans le bon ordre pour composer deux phrases.

qui se sont alors | sur l'île | Nous sommes

à tous les autres, | à manger et à boire | en cochons !

de la magicienne | transformés

Circé. | Elle a offert

....

....

....

....

Tu dois vite sauver tes compagnons. Euryloque te donne des indications pour rejoindre le palais de la magicienne.

Rejoins le centre de ce labyrinthe pour libérer tes hommes.

En chemin, tu croises un homme qui semble vouloir t'aider.

Relie les chiffres dans l'ordre pour découvrir quelle est son identité grâce au dessin obtenu. Tu peux regarder la page 4 pour t'aider.

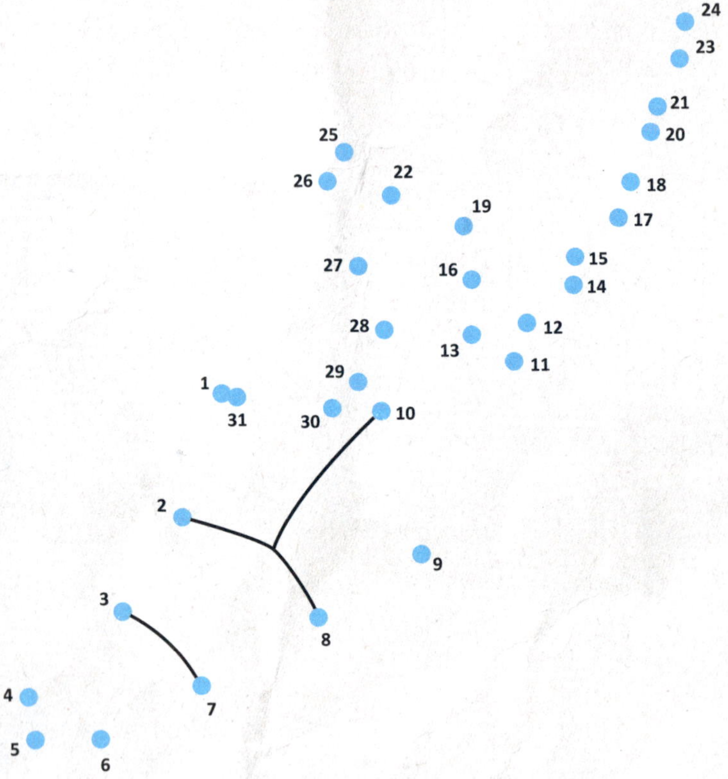

. . . .

Le messager des dieux te conseille de trouver la plante médicinale qui t'empêchera de te transformer en cochon après avoir bu la potion de Circé.

Suis bien les indications d'Hermès pour retrouver la bonne plante parmi celles-ci.

- Toutes les feuilles de la plante ont plusieurs couleurs.
- Elle possède plus de cinq feuilles.
- Ses feuilles sont pointues et rondes à la fois.

Arrivé devant le palais de la magicienne, tu avales discrètement, avant d'entrer, quelques feuilles de la plante qu'Hermès t'a recommandée. Circé est une très belle femme et t'accueille avec le sourire. Elle est entourée de cochons. La magicienne te tend immédiatement une coupe de son breuvage. Tu le bois après une courte hésitation, puis tu sors ton épée pour lui faire peur. Elle se met à parler en énumérant des chiffres.

Décode vite ce qu'elle te dit, serait-ce un nouveau sortilège ?

☐ ☐ (10 5) ☐'☐ ☐ (20 5 14) P ☐ ☐ ☐, (16 18 9 5)

☐ P ☐ ☐ ☐ ☐ ☐-M ☐ ☐. (5 16 1 18 7 14 5 13 15 9) ☐ ☐ (10 5)

P ☐ ☐ M ☐ ☐ ☐ (16 18 15 13 5 20 19) ☐ ☐ (4 5) ☐ ☐ (14 5)

P ☐ ☐ (16 1 19) ☐ ☐ ☐ ☐ (22 15 21 19) ☐ ☐ ☐ ☐ ☐ (6 1 9 18 5)

☐ ☐ (4 5) M ☐ ☐ (13 1 12) ☐ (1) ☐ ☐ ☐ (20 15 9)

☐ ☐ (5 20) ☐ ☐ ☐ (20 5 19) ☐ ☐ M M ☐ ☐. (8 15 13 13 5 19)

Circé est d'accord pour redonner leur apparence à tes hommes si tu promets de rester un an à ses côtés. Ce pacte t'attriste beaucoup, mais tu ne peux pas abandonner tes derniers compagnons. Ton sens de l'honneur te pousse donc à accepter son offre. Pour fêter votre accord, elle te propose un grand festin. Elle veut que tu devines ce qu'il y a au menu.

Barre toutes les lettres qui apparaissent en double et remets celles qui restent dans le bon ordre pour le découvrir.

J K G P

F A H K N

L

I Y Z V B

M

W R D F Q

A H

B N S

E R

G J

I V Y D O Z W

Q

M S U T

Pendant l'année qui s'écoule, toi et tes compagnons passez votre temps à manger et à vous amuser, profitant ainsi d'un repos bien mérité. Mais tu penses à ta famille, qui espère peut-être encore ton retour, et tu as hâte de repartir. Un jour, Circé vient te voir avec une énigme.

Sauras-tu la déchiffrer ?

Je suis gouverné par Hadès, un des frères de Zeus. Pour me rejoindre, il faut traverser le Styx en payant son passage à Charon. Cerbère est mon gardien. Que suis-je ?

Circé t'explique que seul un devin pourra te donner des conseils pour rentrer chez toi. Mais pour arriver jusqu'à lui, il te faudra faire un voyage dans l'au-delà, et, surtout, en revenir.

Pour rejoindre cette terrible destination, traverse ce tableau en suivant toujours les lettres dans cet ordre : « un triste royaume ». Note ensuite dans l'ordre les lettres colorées sur le chemin pour compléter le nom du devin. Attention, tu ne peux pas aller en diagonale.

U	A	S	M	A	S	M	N	A
N	T	R	I	R	Y	A	U	S
I	O	Y	S	U	O	T	M	T
M	R	Y	T	E	R	I	E	Y
A	U	O	M	N	A	O	U	M
S	T	I	S	I	R	T	N	I
U	R	N	T	M	U	Y	T	S
Y	O	R	E	A	N	O	Y	A
A	E	R	O	M	I	R	M	U
U	N	N	T	R	T	E	E	M
M	E	U	Y	I	S	A	I	E

_ _ _ _ _ _ _ _ _ S

Tu traverses le royaume des morts et rejoins enfin le devin Tirésias après avoir échappé à des monstres terrifiants. Il accepte de te donner des conseils à condition que tu parviennes à résoudre son énigme.

Trouve la bonne suite de chiffres à l'aide des indications suivantes.

LE 1ER CHIFFRE EST DEUX FOIS PLUS GRAND QUE LE 2^{E}.

LA SOMME DES 4 CHIFFRES EST ÉGALE À 14.

LE 3^{E} CHIFFRE EST TROIS FOIS PLUS PETIT QUE LE 2^{E}.

Tirésias dessine deux tableaux et écrit son conseil sur l'un d'eux. Il te demande ensuite de quitter le royaume des morts.

Superpose les deux tableaux pour déchiffrer le conseil du devin sur le chemin du retour.

S	Q	U	I	A	T	'	T	C	Q	U	G	E	R	T
,	R	O	N	A	U	G	O	C	P	L	H	E	E	S
A	?	H	U	O	L	T	,	V	R	R	O	U	S	X
W	P	E	Y	'	A	H	U	É	!	D	R	R	Y	'
T	U	I	J	H	E	C	R	É	L	.	I	I	F	O
S	I	K	E	U	B	N	Q	R	I	O	U	B	B	T
V	E	G	,	H	T	A	X	L	U	F	S	R	P	D
N	J	R	E	R	O	K	M	A	U	C	G	H	S	J
M	K	?	I	F	A	N	U	R	B	D	O	I	I	T

. . . .

. . . .

Le jour du grand départ, Circé a une vision qu'elle te dessine.

Aide-toi des chiffres en haut et à gauche de la grille pour colorier les cases de ce tableau. Attention, certaines d'entre elles doivent rester blanches. Une ligne et une colonne ont déjà été coloriées pour t'aider.

					1							1												
					3							2												
					5	3	3				3	7	2											
					2	7	7				7	1	2			10								
		2			2	1	1	3	3	3	1	2	5	2		6								
		3		2	2	1	1	10	10	9	1	2	2	10	7	3	13							
		2	2	10	1	4	4	2	2	4	4	1	6	6	9	3	2							
11	9	9	11	6	1	1	2	3	4	2	2	1	3	1	2	1	3	18	19	20	20	21		
3	8	2	5	1	3	8	9	10	10	11	11	12	4	4	5	6	10	10	8	4	4	3		
16	13	12	12	11	10	5	3	2	1	1	1	1	6	7	7	1	2	2	3	6	6	6	30	30

						6	6	13
						5	8	12
						2	13	10
				2	4	7	2	10
				2	3	9	1	10
				3	2	9	1	10
				3	2	9	1	10
				2	3	9	2	9
				2	3	9	2	9
				1	5	7	3	9
				1	7	3	6	8
					5	9	3	8
	4	2	2	2	2	3	2	8
			3	2	8	2	3	7
		1	2	2	8	2	3	7
1	2	3	2	2	2	3	2	8
	1	1	3	2	5	1	3	9
		2	3	2	5	2	2	9
		4	5	1	5	2	2	6
				5	9	2	4	5
				6	7	3	6	3
				6	7	3	7	2
				6	7	4	6	2
				6	7	1	9	2
						6	14	5
						7	13	5
						7	13	5
						8	11	6
						9	8	8
						13	3	9

Lors de cette première journée en mer, ton compas de navigation se casse et l'aiguille remue dans tous les sens.

Pour le réparer, complète cette grille en ne faisant apparaître qu'une seule fois les lettres N, S, E et O sur chaque ligne et sur chaque colonne. Les signes > et < indiquent si la lettre de la case d'à côté est placée avant ou après dans l'alphabet. Par exemple : E < N et S > O.

☐	>	☐		☐		☐
☐		S		☐	<	N
∧		∨		∧		
☐		☐		O		☐
E		☐	>	☐		☐

Soudain, tu entends une voix de femme. Tu te souviens alors de la vision de Circé : ce doit être une sirène. Circé t'a mis en garde contre ces créatures très dangereuses qui attirent les marins par leur chant mélodieux puis les emmènent dans les profondeurs pour les noyer. Tu distribues des morceaux de cire à tes compagnons pour qu'ils se bouchent les oreilles. Quant à toi, tu veux absolument entendre le chant des sirènes. Tu demandes à tes hommes de t'attacher fermement au mât. Les sirènes approchent et se mettent à chanter. Tu as rapidement des visions. Une étrange créature t'apparaît. C'est un mélange de plusieurs animaux.

Nomme-les tous pour revenir à toi.

Tu es totalement hypnotisé par les sirènes. Tu vois une spirale qui tourne sans fin.

Concentre-toi pour l'arrêter en comptant le nombre de bandes que contient cette image.

. . . .

Les sirènes abandonnent enfin votre navire. Tu as su résister à tous leurs sortilèges. Mais le pire vous attend. Votre bateau prend de la vitesse malgré le peu de vent. Au loin, tu aperçois un tourbillon ! Tu ordonnes à tes hommes d'arrêter immédiatement de ramer.

Utilise les informations ci-dessous pour calculer le temps qu'il vous reste avant de rejoindre le tourbillon et d'être englouti.

- Le bateau avance à une vitesse de 10 nœuds.
- 250 m vous séparent encore du tourbillon.
- 1 nœud = 0,5 m/s.
- Temps (en s) = distance (en m) ÷ vitesse (en m/s).

. . . .

. . . .

En arrivant près du tourbillon, tu comprends qu'il s'agit de la créature Charybde. Vous êtes donc arrivés au détroit de Messine. Tu dois choisir : passer près de Charybde ou près de Scylla, autre créature tout aussi monstrueuse.

Trouve vite les sept différences qui se sont glissées entre ces deux scènes pour éviter les deux créatures.

Tu décides de diriger ton bateau du côté de Scylla. Tous tes compagnons n'ont malheureusement pas survécu, mais votre bateau est presque indemne. Comme une grande partie de vos provisions est passée par-dessus bord, il vous faut accoster dès que possible. Quelques jours plus tard, une île apparaît au loin.

Sur la plage, quelqu'un a écrit un drôle de message. À qui appartient cette île ?

....

Une fois que vous avez débarqué sur l'île, tu suis les conseils de Tirésias et préviens tes compagnons de ne pas toucher au troupeau de vaches sacrées d'Hélios. Mais, durant plusieurs jours, des vents contraires vous empêchent de quitter l'île. Tu prends le temps de regarder dans le détail toutes les provisions qu'il vous reste.

Observe attentivement cette scène et trouve le seul détail qui ne lui appartient pas.

Pendant ce temps, tes hommes, tenaillés par la faim, tuent quelques vaches pour les manger. Une fois que tu les as rejoins, l'un d'eux te tend un morceau de viande en te faisant croire qu'il a chassé un cerf. Tu commences à te douter du sacrilège qu'ils viennent de commettre. Pour résister à l'odeur alléchante, tu penses à toutes ces choses qui sentent mauvais.

Complète cette grille pour que chaque dessin n'apparaisse qu'une fois par colonne, par ligne et par rectangle de 6 cases.

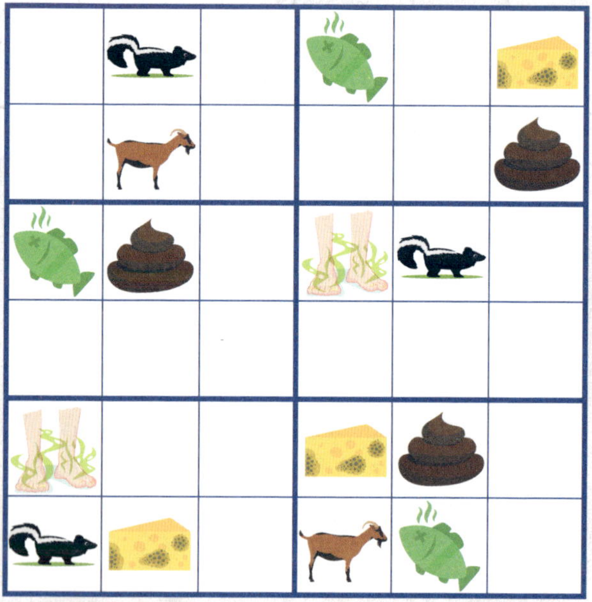

Heureusement pour toi, les vents contraires viennent de s'arrêter, et vous pouvez repartir loin de cette île. À bord, tes compagnons sont tous très joyeux maintenant qu'ils ont le ventre plein, mais toi, tu crains par-dessus tout la colère des dieux. D'ailleurs, tu remarques que soudain les ombres de tes hommes s'allongent de plus en plus et se mêlent les unes aux autres.

Relie chaque personnage à son ombre.

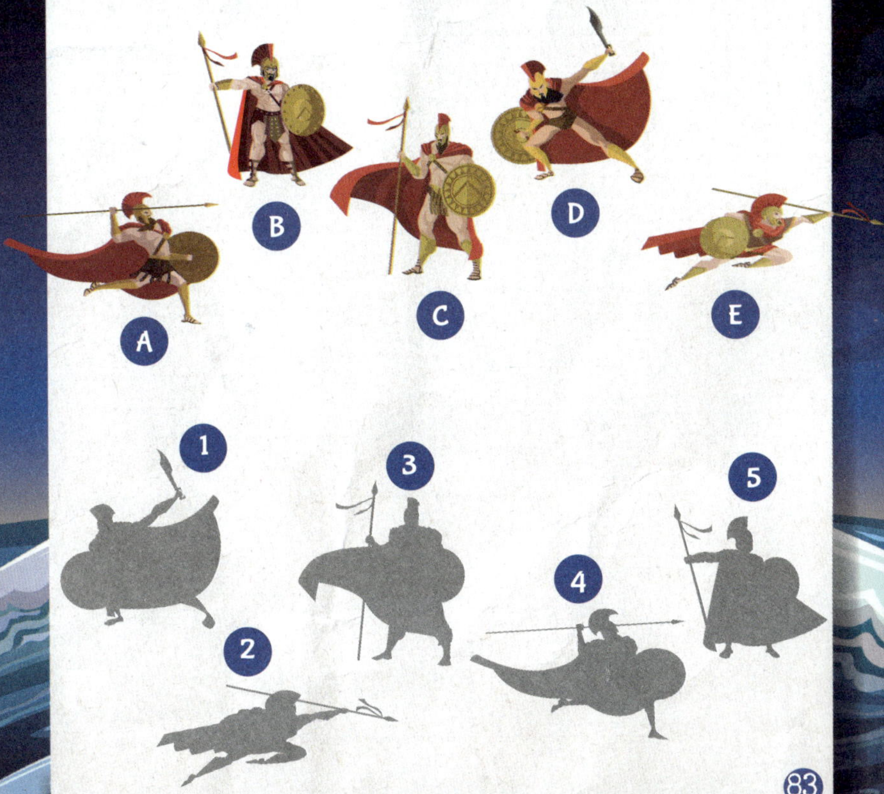

Après quelques heures de navigation, le ciel se charge subitement de nuages. Soudain, un éclair le traverse pour tomber précisément sur votre navire. Il n'y a aucun doute, c'est la colère de Zeus ! L'éclair t'a ébloui, ta vision se trouble. Est-ce que tes compagnons s'en sont sortis ?

Pour les repérer, observe attentivement ce tableau et trouve cette suite de 3 symboles  qui n'apparaît qu'une seule fois, à l'horizontale ou à la verticale.

À ton grand désespoir, tu es le seul survivant, probablement parce que tu es le seul à ne pas avoir mangé le bétail d'Hélios. Ton bateau n'est plus qu'un tas de planches flottantes. Tu t'accroches à l'une d'elles et te laisses dériver car tu n'as plus la force de nager.

Après de longues heures, tu comptes les nuages pour faire passer le temps. Pour chaque ligne de ce tableau, ajoute des symboles mathématiques (+ ; − ; × ; ÷) entre les nombres pour obtenir le résultat en bout de ligne.

20 ◯	2 ◯	15 ◯	1	=	24
10 ◯	12 ◯	(30 ◯	2)	=	135
10 ◯	108 ◯	(3 ◯	10)	=	88
800 ◯	2 ◯	(6 ◯	2)	=	412

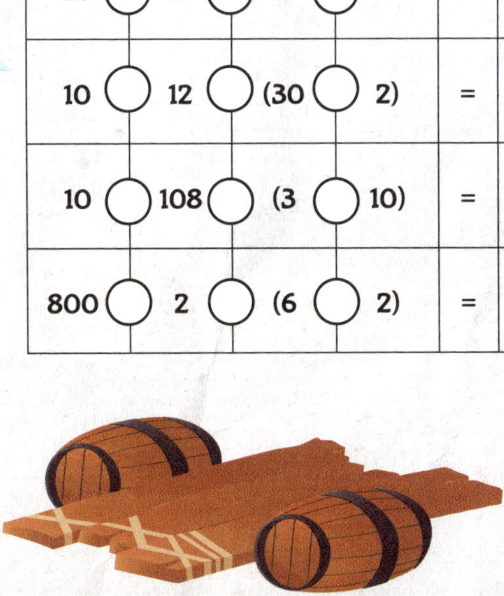

Catastrophe ! Le courant te ramène dans le détroit de Messine, où Charybde et Scylla sont plus féroces que jamais.

Afin d'éviter les deux monstres, suis ce labyrinthe de mots grâce aux définitions ci-dessous. Attention, la dernière lettre d'un mot est aussi la première lettre du mot qui le suit.

1. Le roi des dieux de l'Olympe.
2. Le résultat de 8 × 2.
3. Le dieu de l'amour.
4. Un arbre à aiguilles.
5. Le prénom de l'homme tombé amoureux de son reflet, à l'origine du mot « narcissique ».
6. La saison la plus chaude de l'année.

		3	1 Z		
4					2
		6			
		5		R	

Impressionné par ta persévérance, Zeus te laisse une chance de t'en sortir.

Si tu trouves le bon nombre de triangles visibles sur cette maquette de bateau, il te poussera jusqu'à une île.

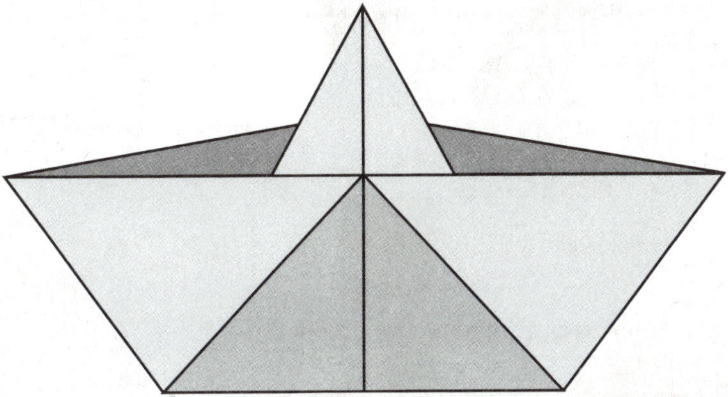

. . . .

Zeus tient sa promesse et te permet d'accoster sur une île. Mais le roi des dieux n'a pas précisé qui en est le résidant, ou la résidante. Sur chaque ligne de ce tableau, les lettres ont été mélangées.

Grâce aux indices ci-dessous, remets les lettres dans l'ordre pour former sept mots et faire ainsi apparaître le nom que tu cherches dans les cases jaunes à la verticale.

1 Animal de la ferme.
2 Dans la cheminée.
3 Pas en bonne santé.
4 Fond des océans.
5 Pressé.
6 Endroit aride.
7 Outil pour creuser.

1	O	C	H	N	C	O
2	M	F	M	L	E	A
3	L	E	A	D	M	A
4	E	S	B	A	Y	S
5	A	D	E	P	R	I
6	E	R	D	S	T	E
7	I	C	E	H	P	O

. . . .

Quand tu arrives, épuisé et mort de faim, la nymphe Calypso s'occupe de toi. Elle se montre très douce mais t'interdit de repartir. À bout de forces, tu ne cherches pas à aller contre sa décision mais tu pleures tous les jours sur la plage. Après un certain temps, Calypso essaie de te changer les idées en te proposant des jeux.

Pour chaque proposition, deux noms ont été mélangés : un dieu et un héros. À toi de les retrouver !

CASÉÈHADLÈHSR _____ et _________

PSAONLOLNAJO ________ et _____

PSERÉOIHODOÉNP _________ et ______

ILYLONEIHSAODSC _________ et _______

Calypso est une grande romantique. Elle aime fabriquer des couronnes de fleurs.

Pour t'occuper, elle te demande de repérer la seule couronne qui ne contienne pas exactement les mêmes fleurs qu'une autre.

Cela fait maintenant sept ans que tu vis sur l'île de Calypso. La nymphe n'a jamais réussi à te redonner le sourire et Ithaque te manque chaque jour un peu plus. Un beau jour, les dieux semblent avoir pitié de toi et t'envoient Hermès pour qu'il persuade Calypso de te laisser partir.

Elle accepte, mais seulement si tu résous cette énigme.

Mon premier est un poisson ou la moitié d'un oncle.
Mon deuxième est un synonyme d'argent.
Mon troisième est le contraire de pleurer.

Mon tout est ce que j'aime chez toi.

Calypso et Hermès te proposent de construire un radeau pour rentrer à Ithaque. Ta force est revenue avec l'espoir de rejoindre enfin ta patrie. Tu prépares une corde pour les relier et attacher des rondins de bois.

Relie par un trait de couleur chaque paire de symboles. Attention, les chemins ne peuvent pas se croiser et doivent toujours tourner à angle droit, et non en diagonale. À la fin du jeu, aucune case ne doit être vide.

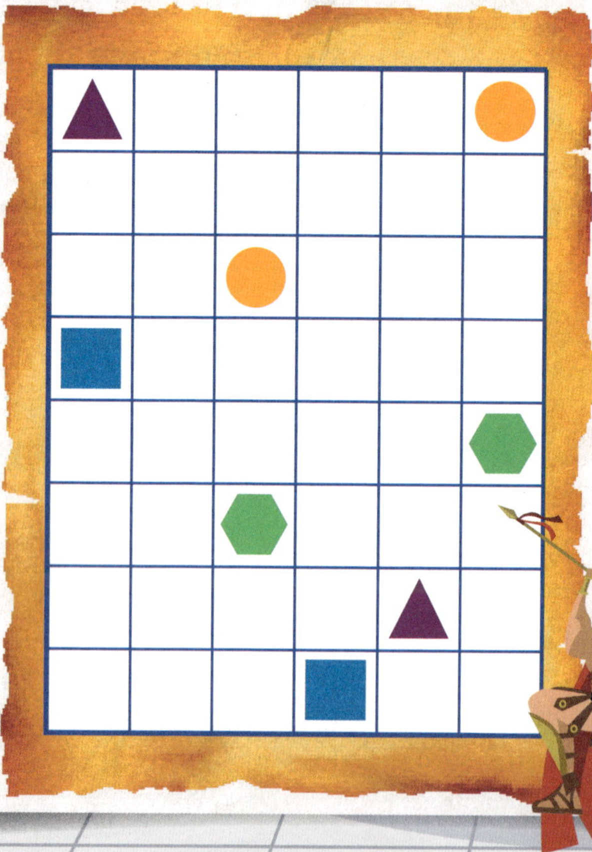

Bien joué ! Il n'y a plus qu'à consolider le tout en serrant bien fort la corde.

Colorie les cases de ce tableau selon le code pour obtenir un radeau prêt à affronter la mer.

0 = blanc 1 = bleu clair 2 = bleu foncé 3 = gris foncé 4 = marron foncé 5 = marron 6 = orange 7 = jaune 8 = vert

1	1	1	1	1	1	1	1	1	1	1	1	1	1	1	1	7	7	1	7	7	7	7
1	1	1	1	1	1	1	1	1	1	1	1	1	1	1	7	1	1	7	7	7	7	7
1	1	1	1	1	1	1	1	1	1	3	3	1	1	1	3	3	7	1	7	7	7	7
1	1	1	1	0	0	0	1	1	1	1	1	3	1	3	1	1	1	7	7	7	7	7
1	1	0	0	0	0	0	0	0	1	1	1	1	3	1	1	7	1	7	1	1	7	1
1	0	3	0	0	0	3	0	0	0	1	1	1	1	1	1	1	7	1	1	7	1	7
1	1	3	0	0	0	3	0	0	1	4	1	1	1	1	0	0	0	1	7	1	1	7
1	1	1	3	1	3	1	1	1	1	4	6	6	1	0	0	0	0	0	0	1	1	1
1	1	1	1	3	1	1	1	1	1	4	6	8	8	6	6	0	0	0	0	0	0	1
1	1	1	1	1	1	1	1	1	1	4	1	1	6	6	6	8	6	6	0	0	1	1
1	1	1	0	0	1	1	1	1	1	4	1	1	6	8	8	6	6	6	1	1	1	1
1	0	0	0	0	0	1	1	1	1	4	1	1	8	6	6	6	6	6	1	1	1	1
0	0	0	0	0	0	0	0	1	1	4	1	1	6	6	6	6	8	8	1	1	1	1
1	0	0	0	0	0	0	1	1	1	4	1	1	1	6	8	8	6	6	6	1	1	1
1	1	1	0	0	0	1	1	1	1	4	1	1	1	8	6	6	6	6	8	1	1	1
1	1	1	1	1	1	1	1	1	1	4	1	1	1	6	6	6	8	8	6	1	1	1
1	1	1	1	1	1	1	1	1	1	4	1	1	6	6	8	8	6	6	6	1	1	1
1	1	1	1	1	1	1	1	1	1	4	1	1	6	8	6	6	6	6	8	1	1	1
1	1	1	1	1	1	1	1	1	1	4	1	1	8	6	6	6	8	8	6	1	1	1
1	1	1	1	1	1	1	1	1	1	4	1	6	6	6	6	8	6	6	1	1	1	1
1	1	1	1	0	1	1	1	1	1	4	6	6	8	8	8	6	1	1	1	1	1	1
1	1	1	2	2	0	1	2	1	1	4	8	8	6	2	5	5	5	2	1	0	2	0
1	2	2	2	2	0	2	5	5	5	4	5	5	5	5	5	5	5	5	0	2	2	2
2	5	5	5	5	5	5	5	5	5	4	5	5	5	5	5	5	5	5	2	2	2	2
2	5	5	5	5	5	4	4	5	5	4	5	5	5	5	5	5	5	5	5	2	2	2
2	2	5	4	4	4	5	5	5	5	4	5	5	5	5	5	5	5	5	5	2	2	2
2	4	4	5	5	5	5	5	5	5	5	5	5	5	5	5	5	5	5	5	5	0	2
2	4	4	5	5	5	5	5	5	5	5	5	5	5	5	5	5	5	5	0	0	2	2
0	4	0	5	5	5	5	5	5	5	5	2	2	2	2	2	2	2	0	2	2	2	2
2	0	2	5	5	2	2	2	2	2	2	2	2	2	2	2	2	2	2	2	2	2	2

Après avoir passé tant d'années avec Calypso, te voilà enfin parti. Elle pleure en te voyant t'éloigner, mais tu ne penses qu'à rejoindre ta famille. Conduire un radeau n'est pas si simple. Heureusement, les principaux éléments sont les mêmes que dans un bateau.

Utilise les mots de la liste pour nommer chaque élément afin de bien prendre en main ton embarcation de fortune.

bâbord

gouvernail

mât

bout

voile

tribord

Tu voyages à bord de ton radeau durant des semaines jusqu'à ce que, enfin, tu aperçoives ton île ! C'est bon, cette fois tu vas pouvoir rentrer chez toi ! Vraiment ? Malheureusement, il y a un dieu qui ne s'est pas encore vengé ! Il t'envoie une tempête qui détruit ton radeau.

À ton avis, qui est ce dieu ? Et quelle est la raison de sa colère ?

☐ ZEUS ☐ POSÉIDON ☐ HÉLIOS ☐ HERMÈS

☐ Tu as fait du mal à quelqu'un qu'il apprécie.

☐ Tu ne l'as pas remercié pour son aide.

☐ Tu n'as pas respecté ses recommandations.

. . . .

Le roi des océans n'y est pas allé de main morte. Tu n'as plus rien pour t'accrocher, et, dans cette mer déchaînée, tu n'as pas d'autre perspective que d'abandonner la lutte. Tu vas te noyer… si près du but.

Mais quelle est cette lumière au loin ? L'eau reflète un message, mais il est à l'envers. Qu'est-il écrit ?

Je suis Ino, une déesse marine.
Je t'offre ce voile qui t'évitera de
te noyer. Retourne sur la terre ferme,
Ulysse, pour échapper à la colère de
Poséidon.

Tu as réussi à nager jusqu'à terre mais tu es épuisé. Sur la plage, une petite fille t'aide à te relever. Quand tu lui demandes dans quel royaume tu te trouves, elle l'écrit sur un morceau de parchemin avant de s'enfuir en courant.

Range tous les mots de la liste au bon endroit dans cette grille pour faire apparaître à la verticale le nom de ce pays.

APHRODITE

INSCRITS

REPOS

ATHÉNA

JEU

ROYAUME

ÉPÉE

. . . .

Ce pays est un allié du tien. Tu ne risques rien mais tu préfères rester discret. Tu demandes son aide à Athéna. La déesse, qui déteste Poséidon, est ravie te d'aider à te déguiser.

Elle te demande de répondre à son énigme pour lui prouver ta valeur.

Quel est le point commun entre ces mots ?

FINI

CENT

TERMINE

DÉLICAT

PENDANT

Un indice ? Tu es indémontable !

. . . .

Grâce à Athéna, les Phéaciens ne te reconnaissent pas et t'accueillent chaleureusement. Tu manges à ta faim et changes de vêtements. Ainsi présentable, on t'amène auprès du roi, qui te propose de participer aux jeux sportifs prévus aujourd'hui. Pour ce premier jeu, tu dois lancer des balles colorées dans des trous. Mais attention, chaque balle doit rentrer dans un trou bien spécifique.

À partir des indications ci-dessous, détermine dans quel trou doit aller chaque balle.

LA BALLE ROUGE EST SITUÉE ENTRE LA BALLE VERTE ET LA BALLE JAUNE.

LA BALLE VIOLETTE EST SITUÉE AU CENTRE ET ELLE N'EST PAS RELIÉE AUX BALLES ROUGES ET MARRON.

LA BALLE JAUNE N'EST PAS SITUÉE À DROITE.

LA BALLE VERTE EST SITUÉE EN FACE DE LA BALLE BLEUE.

LA BALLE ORANGE N'EST PAS SITUÉE EN HAUT.

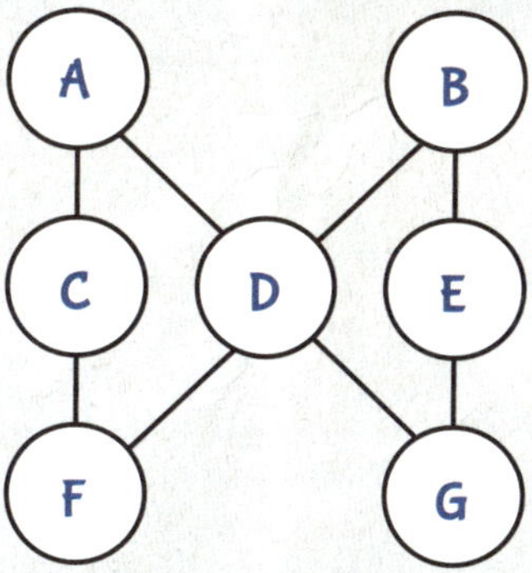

La deuxième épreuve est une course. À côté de chaque concurrent, une bulle montre quel adversaire est arrivé juste après lui.

Devine logiquement l'ordre d'arrivée des participants pour obtenir le nom de l'un de tes adversaires.

1er	2e	3e	4e	5e	6e	7e
						I

Pour cette dernière épreuve, il faut renverser des quilles pour obtenir un certain nombre de points. Le roi t'attribue le nombre 26.

Quelles sont les trois quilles que tu dois faire tomber pour obtenir ce nombre ?

Tu as remporté tous les jeux sans aucun problème. Le roi se demande qui tu peux bien être. Tu acceptes finalement de lui avouer ton identité et tu lui racontes toute ton aventure. Le roi te fournit un bateau et un équipage pour rejoindre ta patrie.

Avant ton départ, le roi te pose une dernière question pour être sûr et certain que tu es bien Ulysse.

Que signifie ce message ?

CHEVAL 33

. . . .

Cette fois, c'est bien réel, tu poses enfin le pied dans ton royaume. Poséidon semble avoir accepté ton retour et la déesse Athéna est là pour t'accueillir. Elle t'explique que tu es parti depuis maintenant vingt ans : dix ans à Troie et dix ans en mer. Te croyant mort depuis longtemps, de nombreux prétendants sont à Ithaque dans l'idée d'épouser ta femme, Pénélope. S'ils te voient, ils risquent de te tuer. La déesse va te métamorphoser en mendiant pour que tu puisses rejoindre discrètement le palais. Pour que cela fonctionne, tu dois dissocier ton esprit de ton corps.

Trace une ligne droite qui sépare ces images en deux parties contenant exactement les mêmes objets.

Avant de rejoindre le palais, tu souhaites voir ton fils Télémaque, qui pourrait t'aider à faire fuir les prétendants. Athéna organise la rencontre dans la maison d'un de tes anciens serviteurs. Quelle joie de revoir ton fils ! Il a tellement changé ! C'est maintenant un guerrier robuste que tu observes attentivement.

Vois-tu les 7 différences qui se sont glissées entre ces deux images de Télémaque ?

Devant la porte du palais, tu fais une émouvante rencontre. Argos, ton chien, est là à attendre ton retour depuis vingt ans. Il est très vieux et fatigué, mais il prend la peine de te lécher la main. Il t'a tout de suite reconnu malgré ton apparence. Il te guide jusqu'à l'entrée de ta maison. Les prétendants de Pénélope sont là. En te voyant, ils se moquent de toi. Peu importe, tu es trop occupé à mémoriser leurs noms.

Dans cette grille, combien de fois apparaissent leurs noms à l'horizontale, à la verticale, en diagonale, à l'endroit ou à l'envers ?

A	E	A	E	U	R	Y	A	D	E	E	L
E	B	N	P	L	E	P	O	L	Y	B	E
D	Y	T	O	S	E	U	E	A	I	Y	I
A	L	I	L	D	R	I	R	S	T	L	O
Y	O	N	Y	E	O	Y	O	Y	N	O	D
R	P	O	B	D	L	D	O	D	A	P	E
U	Y	O	E	P	O	L	Y	B	E	D	S
E	O	S	A	N	T	I	N	O	O	S	E

ANTINOOS **LÉIODÈS**

EURYADE **POLYBE**

En entendant tout ce bruit, Pénélope descend voir ce qu'il se passe. Elle ne te reconnaît pas mais elle t'accueille malgré tout dans une pièce au calme pour que tu puisses te reposer. Tu en profites pour lui poser des questions sur ses prétendants. Elle t'explique tout ce qu'il s'est passé depuis ton départ mais sa voix est entrecoupée de sanglots.

Replace les mots de la liste au bon endroit pour comprendre ce qu'elle veut dire.

Quelques années après le départ d'Ulysse pour _______ , n'ayant aucune _______ de lui, des hommes sont arrivés dans l'idée de _______ pour devenir roi _______ . Or je sais que mon mari est toujours _______ . Alors, pour faire _______ les prétendants avant son _______ , je leur ai dit que j'épouserai l'un d'eux quand j'aurai _______ une _______ . Sauf que, chaque nuit, je _______ tout ce que j'ai tissé dans la _______ .

détisse	nouvelle	terminé
d'Ithaque	patienter	Troie
journée	retour	vivant
m'épouser	tapisserie	

Pénélope est attristée par ta condition de mendiant. Elle te propose de répondre à son énigme.

Si tu trouves la solution, elle t'offrira ce que tu veux.

Si je fais 10 fois 10, cela me donne 30.
Comment cela est-il possible ?

Un indice : pense à une façon antique d'écrire les chiffres.

. . . .

Tu demandes à ton épouse d'organiser un concours de tir à l'arc pour tous les prétendants et de te laisser y participer. Elle est un peu surprise mais elle accepte. Le lendemain, tu attends que tous les prétendants aient joué.

Combien d'entre eux ont visé le centre de leur cible ?

. . . .

C'est à ton tour de tirer. Tu n'as pas droit à l'erreur. Athéna te redonne ton apparence normale pour que tu sois en possession de toute ta force au moment de bander ton arc.

Pour bien viser, détermine où se trouve précisément le centre de la cible et colorie trois zones ainsi : rouge au milieu, de 1 cm de rayon, jaune autour, de 2 cm de rayon, puis bleu autour du jaune, de 3 cm de rayon.

Tu lances ta flèche, qui est de loin la plus centrée de toutes. Les prétendants sont estomaqués, à la fois par ta performance et par ta nouvelle apparence. Ils semblent t'avoir reconnu. Tu profites de l'effet de surprise pour bander à nouveau ton arc et les attaquer. Chaque case représente un prétendant à toucher.

Place tous les nombres de 1 à 19 pour former un chemin où ils se suivent dans l'ordre numérique. Deux nombres consécutifs doivent être voisins et la ligne rouge t'indique un point de passage du chemin entre 2 nombres consécutifs.

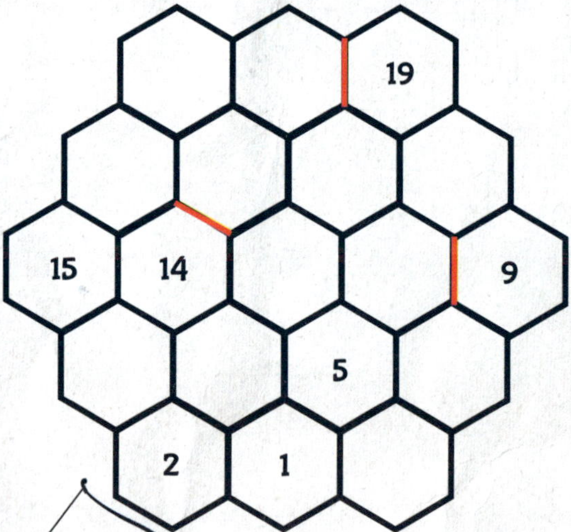

Tous les prétendants sont à terre et se rendent rapidement. Ils acceptent de quitter Ithaque, puisque tu es bien vivant. Tu retrouves donc Pénélope, mais elle a encore un doute. Elle ne t'a pas vu depuis vingt ans, elle veut donc s'assurer que tu es bien son mari. Elle te pose une question à laquelle toi seul pourras répondre : « Tu as vu ? Le lit de notre chambre a été déplacé. Qu'en penses-tu ? »

Décode la réponse à donner à Pénélope pour qu'elle soit rassurée sur ton identité.

A	B	C	D	E	F	G	H	I
J	K	L	M	N	O	P	Q	R
S	T	U	V	W	X	Y	Z	

L = ligne, R = rang

L1R3 ' L1R5 L3R1 L3R2

L1R9 L2R4 L2R7 L2R6 L3R1 L3R1 L1R9 L1R2 L2R3 L1R5.

L2R6 L2R5 L2R5 L1R5 L2R7 L1R5 L3R3 L3R2 L2R3 L1R5

L1R4 L1R5 L2R7 L2R3 L1R1 L1R3 L1R5 L2R9

L3R1 L1R1 L2R5 L3R1 L1R3 L2R6 L3R3 L2R7 L1R5 L2R9

L2R3 ' L1R1 L2R9 L1R2 L2R9 L1R5 L1R4 L1R1 L2R5 L3R1 L2R3 L1R5 L2R8 L3R3 L1R5 L2R3

L1R9 L2R3 L1R5 L3R1 L3R2

L1R6 L1R1 L1R2 L2R9 L1R9 L2R8 L3R3 L1R5.

. . . .

Voilà ton aventure terminée. Tout est bien qui finit bien. Tu as enfin retrouvé ta famille et ton pays. Tu es maintenant dans la force de l'âge et tu comptes te reposer après toutes ces émotions. Cependant, un dernier problème pointe ses voiles à l'horizon ! Les prétendants ne sont pas très contents d'avoir été ainsi humiliés. Ils sont revenus en force avec une véritable armée. Télémaque a déjà préparé des catapultes mais l'une d'elles ne fonctionne pas.

Trouve dans quel sens doit tourner le dernier engrenage de chaque ligne pour la réparer.

Les catapultes sont toutes prêtes, mais tes soldats ne sont pas encore tous à leur poste.

Dans cette grille, fais en sorte qu'il y ait trois soldats sur chaque ligne et chaque colonne en demandant à trois d'entre-eux, ni plus ni moins, de se déplacer.

Ton armée est prête à accueillir comme il se doit celle des prétendants, mais tu en as assez de te battre. Ta quête se terminera-t-elle un jour ? Tu supplies les dieux de t'épargner, car tu n'es pas revenu chez toi pour y mourir !

La déesse Athéna, qui t'a déjà tant aidé, semble avoir entendu ta prière. Elle part à la rencontre des prétendants et les appelle au calme. Personne ne peut aller contre la demande d'une déesse. Tes adversaires viennent te serrer la main, et vous concluez un pacte de paix. Cette fois, c'est sûr, tu peux couler des jours heureux bien mérités. Observe ton parcours sur cette carte.

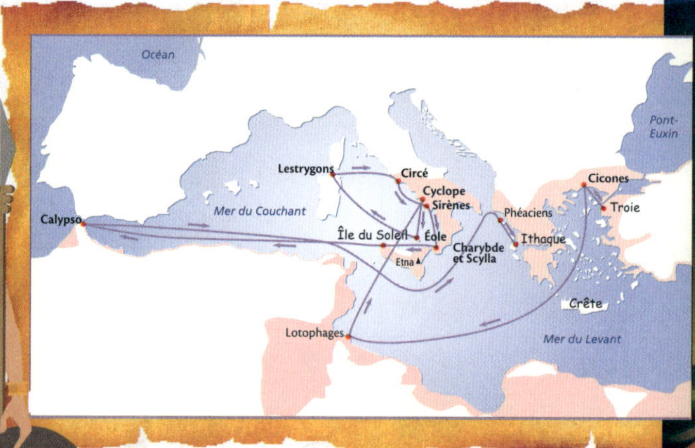

QUELLE AVENTURE !
FÉLICITATIONS ULYSSE,
TU ES ENFIN RENTRÉ CHEZ TOI !

Page 5

TROIE.

Page 6

« Si tu pars, ton retour sera semé d'embûches » (scie-tu-part-thon-r'œufs-tour-se-rat-se-mai-dent-bûche).

Page 7

1	3	6	2	7	4	9	5	8
4	2	8	5	9	1	3	6	7
5	7	9	3	6	8	1	4	2
8	1	2	7	4	5	6	9	3
6	9	4	8	1	3	7	2	5
7	5	3	9	2	6	8	1	4
9	4	5	1	3	7	2	8	6
2	8	7	6	5	9	4	3	1
3	6	1	4	8	2	5	7	9

12 navires accompagneront le tien.

Page 8

 = 18  = 22

Page 9

Page 10

Page 11

« Laisse Briséis s'échapper. Donne-lui un couteau pour qu'elle puisse couper ses liens et laisse-la faire le reste. »

Page 12

PALLADIUM.

Page 13

Le bon chemin est le E.

Page 14

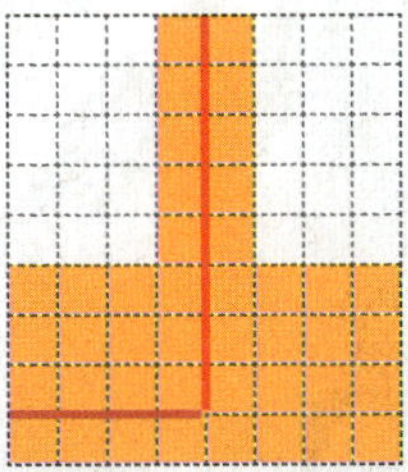

Page 15

« Frapper de l'intérieur. »

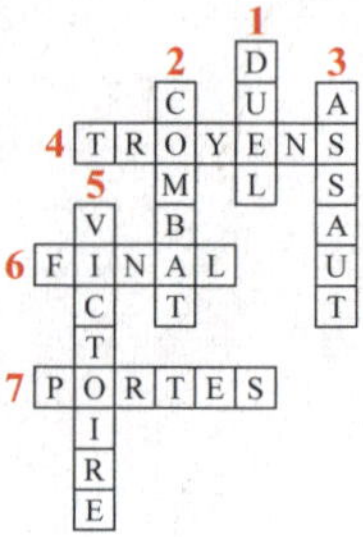

Page 16

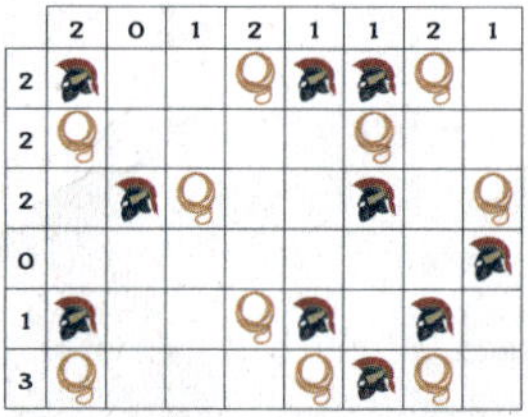

Page 18

11	12			
	11			
	12	24		
		12,6	14	
		20	12	12,5

Page 19

XVIL

Page 20

Vous allez à Ismaros.

Page 21

Sur le bateau, on voit qu'il y a 1 tonneau, 6 paniers de pommes, 5 sacs de farine et 9 amphores d'olives.

1 tonneau = 1 semaine.

On sait que 1 tonneau = 3 paniers de pommes. Donc, comme il y a 6 (3 X 2) paniers de pommes, il y a assez de pommes pour 2 semaines.

On sait que1 panier de pommes = 2 amphores d'olives, donc il faut 2 + 2 + 2 = 6 amphores d'olives pour tenir 1 semaine. Il y a 9 amphores d'olives sur le bateau, donc il y a de quoi tenir 1 semaine et il reste 3 amphores.

Si 1 panier de pommes = 2 amphores d'olives, alors 1 sac de farine = 2 + 1 = 3 amphores d'olives. Il faut donc 2 sacs de farine pour tenir 1 semaine. Comme il y a 5 sacs de farine, il y a de quoi tenir 2 semaines et il reste 1 sac. Avec ce sac + les 3 amphores qu'il reste on peut tenir 1 semaine. Donc, en tout il y a 7 semaines de vivres.

Page 22

Si on enlève le tonneau, il nous reste donc 6 semaines de vivres, à diviser entre 12 bateaux. Il suffit donc d'apporter l'équivalent d'une demi-semaine à chaque navire. Le partage peut donc se faire comme ceci :

Page 23

C'est le foudre de Zeus !

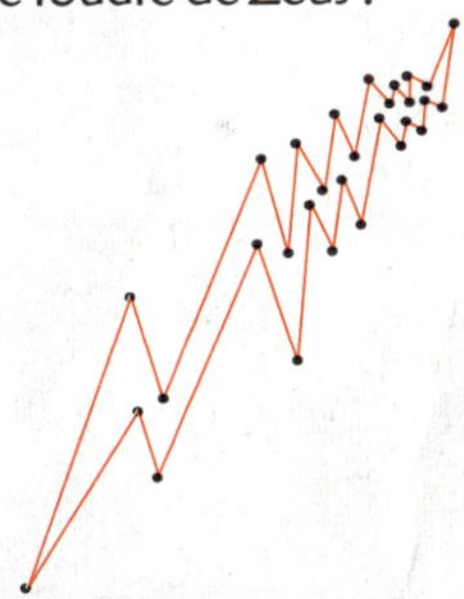

Pages 24-25

Page 26

Le seul qui corresponde au modèle est le C.

Page 27

1082					
532	550				
264	268	282			
135	129	139	143		
70	65	64	75	68	
30	40	25	39	36	32

Page 28

Il y a 3 hommes en tout, en file indienne.

Page 29

La tempête t'a rapproché d'Ithaque.

Page 30

1-A, 2-D, 3-E, 4-C, 5-B

Page 31

Page 32

Le détail E ne lui appartient pas.

Page 33

0	1	0	0	1	1	0	1
0	1	1	0	0	1	1	0
1	0	1	1	0	0	1	0
1	0	0	1	1	0	0	1
0	1	1	0	0	1	0	1
0	0	1	1	0	1	1	0
1	0	0	1	1	0	1	0
1	1	0	0	1	0	0	1

Pages 34-35

JOUEURS	FAUTES	CONTRE QUI ?	TEMPS DE JEU
ELPÉNOR	BOUSCULADE	CHEFET	21 min
EURYLOQUE	INJURE	DEN	34 min
AHMÈS	BLESSURE	CTESIPPOS	15 min

Page 36

Tu vas y passer 18 minutes.

8	1	6
3	5	7
4	9	2

Page 37

Le nord est dans cette direction, ← car le soleil se lève à l'est :

Page 38

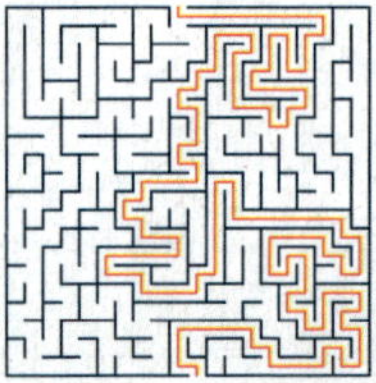

Page 39

Le sac le plus lourd est le D.

Page 40

Le père de Polyphème est Poséidon.

Page 41

« Fais-lui croire que tu t'appelles "Personne", puis crevons-lui l'œil. »

Page 42

Page 43

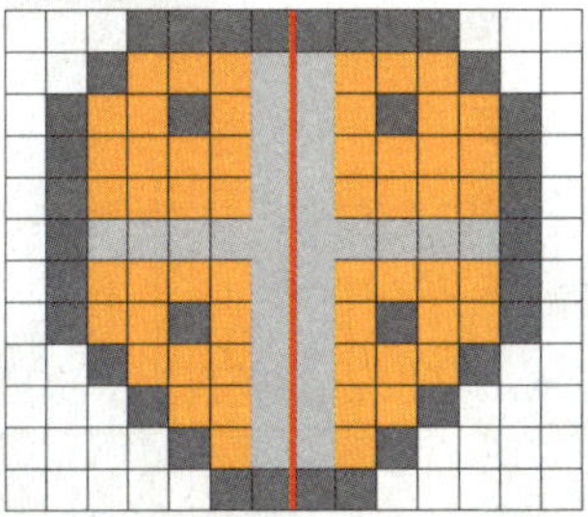

Pages 44-45

Pages 46

Je suis Éole. Si on ajoute un « c » à mon nom, cela devient le mot « école ».

Pages 47

Page 48

Éole va t'offrir une OUTRE.

Page 49

Page 50

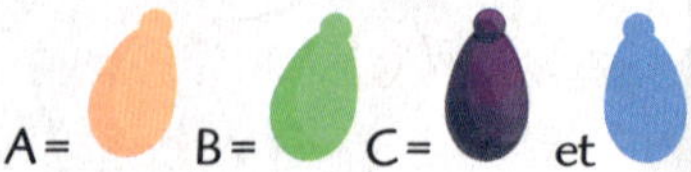

Page 51

Tu es arrivé en C5.

Page 52

A	Q	U	I	L	O	N	S	I	S	T	Y	M
C	M	E	T	L	E	M	R	L	H	F	Y	H
B	G	E	S	Y	J	D	O	T	S	G	C	S
E	A	C	Z	Q	I	S	L	U	Y	M	L	P
T	L	L	H	I	E	Z	J	M	S	I	H	O
E	E	O	A	V	L	J	S	C	H	S	U	N
S	R	M	C	G	V	A	A	X	Y	T	O	A
I	N	B	E	O	U	B	Q	N	W	R	Z	N
E	E	A	G	N	I	E	O	O	H	A	O	T
N	S	R	X	S	E	R	R	K	E	L	N	B
O	V	D	E	N	D	L	F	E	L	D	D	G
C	Q	E	U	E	N	R	W	S	M	H	A	M
D	T	O	T	O	O	C	C	O	R	I	S	E

Page 53

La réponse d'Éole est « NÉGATIF ».

Page 54

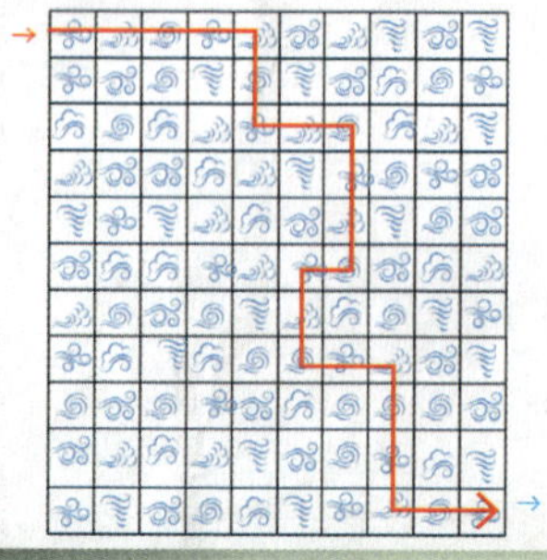

Page 55

O	N	L	G	T	S	R	E	Y
E	S	Y	R	L	O	T	N	G
G	T	R	Y	N	E	O	L	S
R	O	N	S	G	L	E	Y	T
L	E	S	T	R	Y	G	O	N
T	Y	G	E	O	N	L	S	R
Y	G	E	O	S	R	N	T	L
S	L	T	N	E	G	Y	R	O
N	R	O	L	Y	T	S	G	E

Votre prochaine destination est le pays des Lestrygons.

Page 56

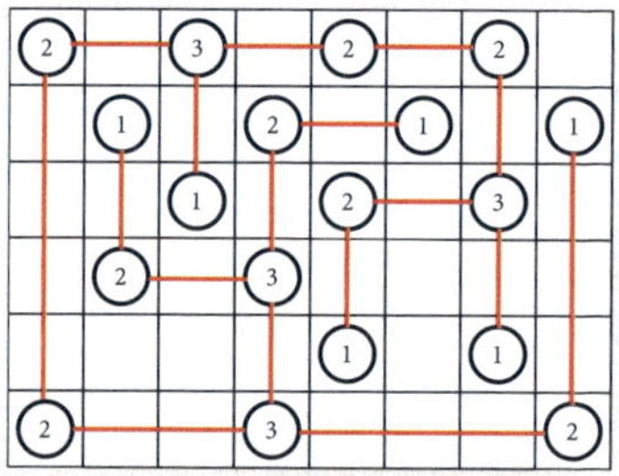

Page 57

Page 58

18 (« tu me dis huit »)

Page 59

« Je vais te manger »

Page 60

Le chemin est le D.

Page 61

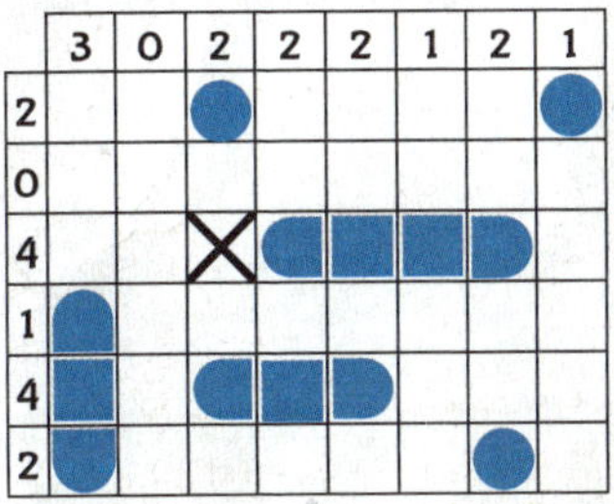

Page 62

Il te reste 24 compagnons

15 + 33 ÷ 2 = 24

Page 63

1-D, 2-B, 3-A, 4-E, 5-C.

Le cerf est le plus adapté à la chasse car c'est l'un des animaux le moins dangereux et il est assez gros pour nourrir plusieurs hommes.

Page 64

Nous sommes sur l'île de la magicienne Circé. Elle a offert à manger à tous les autres, qui se sont alors transformés en cochons !

Page 65

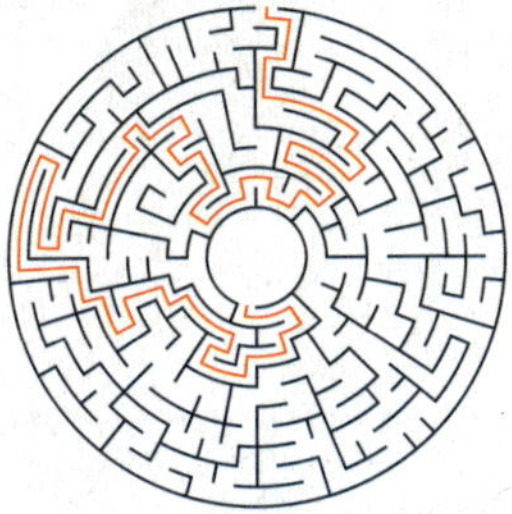

Page 66

C'est la sandale du dieu Hermès.

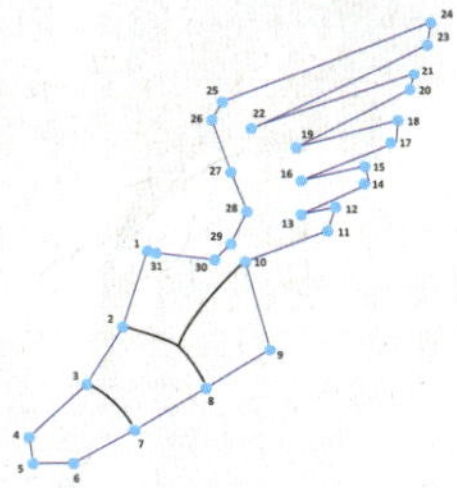

Page 67

La bonne plante est la D.

Page 68

Les chiffres correspondent au rang des lettres dans l'alphabet : « Je t'en prie, épargne-moi. Je promets de ne pas vous faire de mal à toi et tes hommes. »

Page 69

Poulet.

Page 70

Les enfers ou le royaume des morts.

Page 71

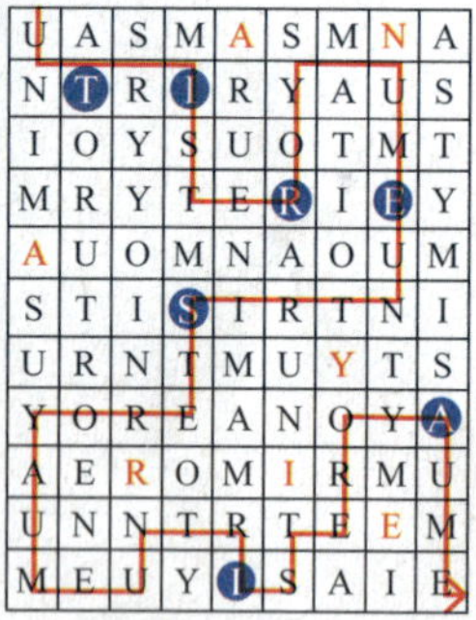

Le devin s'appelle Tirésias.

Page 72

La suite est 6-3-1-4.

Avec la première indication, on sait que les deux premiers chiffres sont 2-1, 4-2, 6-3 ou 8-4. La troisième proposition implique que le deuxième chiffre soit divisible par 3, ce qui est uniquement le cas avec la suite 6-3. Les trois premiers chiffres sont donc 6-3-1. Il ne reste plus qu'à les additionner et à ajouter 4 pour obtenir 14 (6 + 3 + 1 + 4).

Page 73

Tu peux lire le message de Tirésias en superposant les deux grilles, comme ceci :

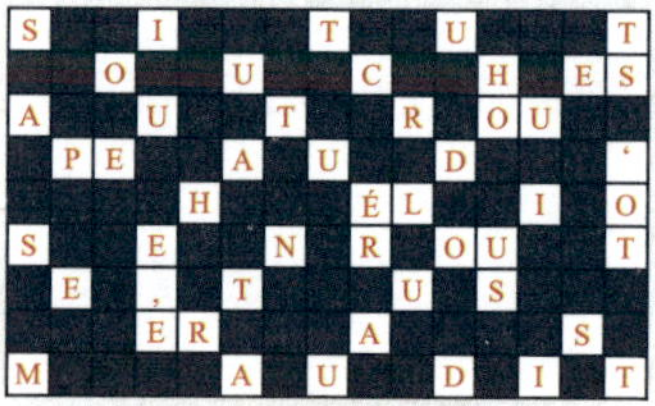

Page 74

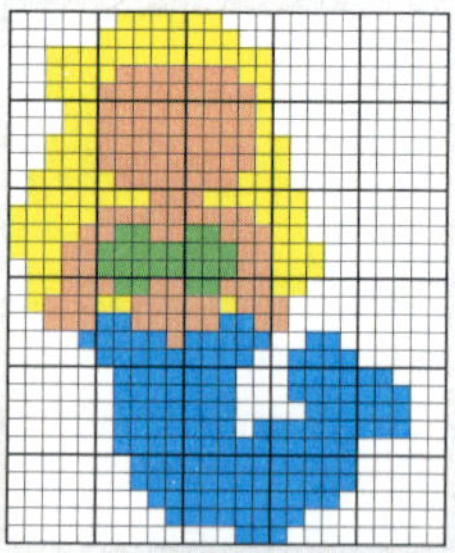

Page 75

N	>	E		S		O
O		S		E	<	N
^		v		^		
S		N		O		E
E		O	>	N		S

Page 76

Aigle, lézard, souris, chauve-souris, singe et canard.

Page 77

Cette image contient 20 bandes.

Page 78

Il faut d'abord convertir la vitesse en m/s (10 × 0,5 = 5 m/s). Puis il n'y a plus qu'à poser la division 250 ÷ 5 = 50 secondes, soit un peu moins d'une minute.

Page 79

Page 80

Cette île appartient au Soleil, et donc au dieu du Soleil, Hélios. On parle de la « course du soleil ». Quand le ciel est dégagé, le soleil brille et il est alors éblouissant.

Page 81

Le détail D est le seul à ne pas appartenir à la scène.

Page 82

Page 83

1-D, 2-E, 3-C, 4-A, 5-B.

Page 84

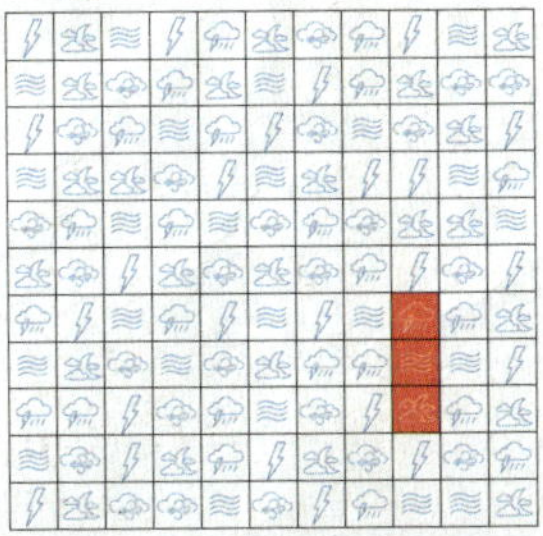

Page 85

20	÷	2	+	15	–	1	=	24
10	×	12	+	(30	÷	2)	=	135
10	+	108	–	(3	×	10)	=	88
800	÷	2	+	(6	×	2)	=	412

Page 86

O	R	E	Z	E	U
S	E	Z	I	E	S
A	T	E	S	S	I
P	I	N	A	R	C

Page 87

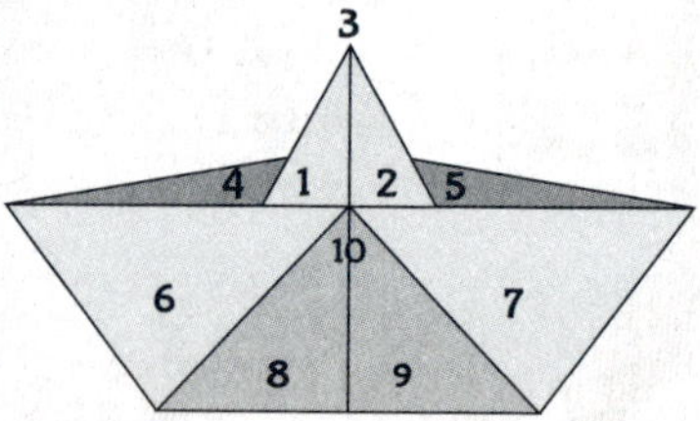

Page 88

1	C	O	C	H	O	N
2	F	L	A	M	M	E
3	M	A	L	A	D	E
4	A	B	Y	S	S	E
5	R	A	P	I	D	E
6	D	E	S	E	R	T
7	P	I	O	C	H	E

Page 89

Hadès et Héraclès
Apollon et Jason
Poséidon et Orphée
Dionysos et Achille

Page 90

La D.

Les couronnes A et C ont les mêmes fleurs, tout comme les couronnes B et E.

Page 91

« Ton sourire » (thon-sous-rire).

Page 92

Il y a plusieurs solutions possibles.

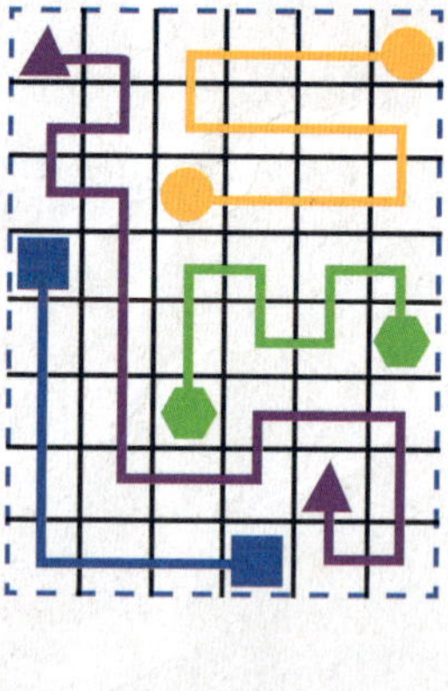

Page 93

Page 94

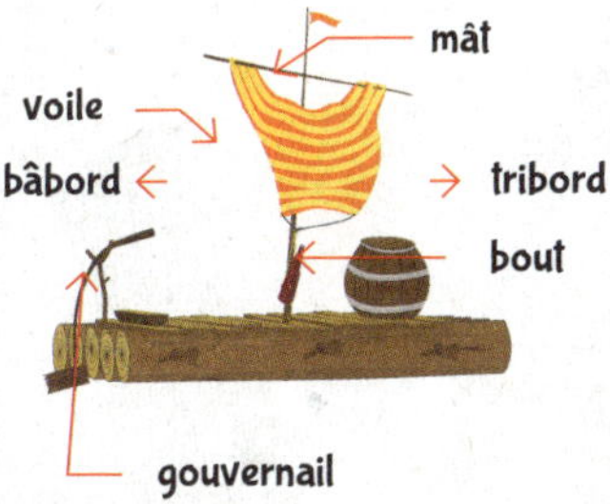

Page 95

Poséidon t'en veut car tu as fait du mal à quelqu'un qu'il apprécie : son fils, le Cyclope Polyphème.

Page 96

« Je suis Ino, une déesse marine. Je t'offre ce voile qui t'évitera de te noyer. Retourne sur la terre ferme, Ulysse, pour échapper à la colère de Poséidon. »

Page 97

				R	E	P	O	S		
				A	T	H	É	N	A	
						É	P	É	E	
			R	O	Y	A	U	M	E	
			I	N	S	C	R	I	T	S
A	P	H	R	O	D	I	T	E		
					J	E	U			

Page 98

On peut ajouter le suffixe « indé » à tous ces mots pour en écrire d'autres : indéfini, indécent, indéterminé…

Page 99

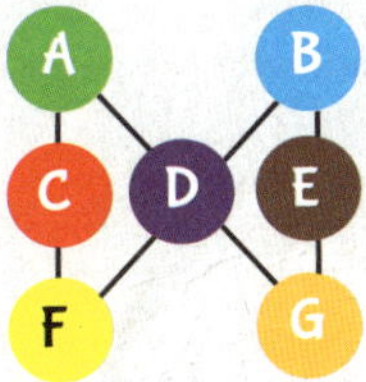

Page 100

Les concurrents sont arrivés dans cet ordre : KOSTALI

Page 101

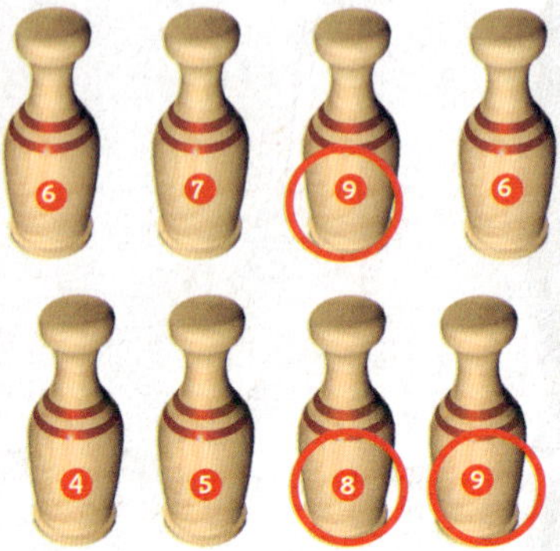

Page 104

Page 102

« Cheval de Troie ». Il y a le mot cheval ainsi que deux fois le chiffre 3 : « Cheval deux trois ».

Page 105

ANTINOOS : 2 LEIDOES : 3
EURYADE: 3 POLYBE : 5

A	E	A	E	U	R	Y	A	D	E	E	L
E	B	N	P	L	E	P	O	L	Y	B	E
D	Y	T	O	S	E	U	E	A	I	Y	I
A	L	I	L	D	R	I	R	S	T	L	O
Y	O	N	Y	E	O	Y	O	Y	N	O	D
R	P	O	B	D	L	D	O	D	A	P	E
U	Y	O	E	P	O	L	Y	B	E	D	S
E	O	S	A	N	T	I	N	O	O	S	E

Page 103

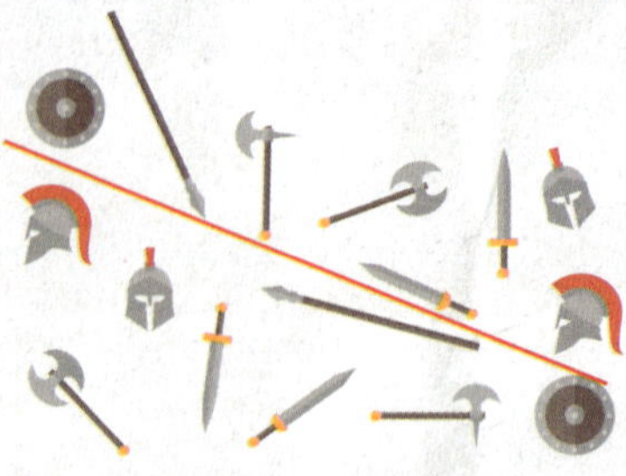

Page 106

« Quelques années après le départ d'Ulysse pour Troie, n'ayant aucune nouvelle de lui, des hommes sont arrivés dans l'idée de m'épouser pour devenir roi d'Ithaque. Or, je sais que mon mari est toujours vivant. Alors, pour faire patienter les prétendants avant son retour, je leur ai dit que j'épouserai l'un d'eux quand j'aurai terminé une tapisserie. Sauf que chaque nuit, je détisse tout ce que j'ai tissé dans la journée.

Page 107

En chiffres romains, 10 s'écrit X. Pour faire cette multiplication, on écrit donc : XXX, ce qui fait penser à 3 x10, donc 30.

Page 108

6 flèches ont touché le centre de leur cible.

Page 109

Page 110

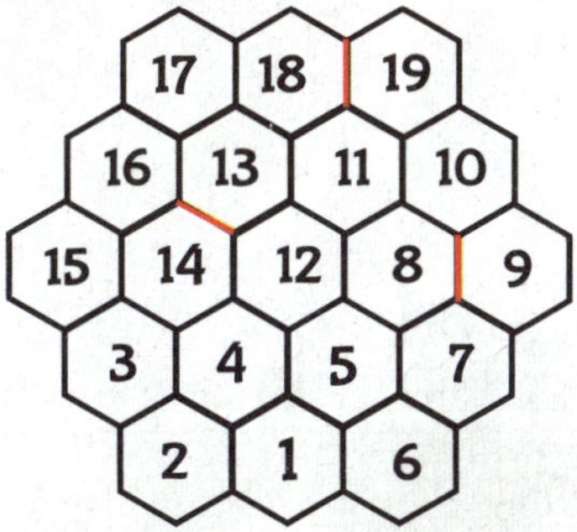

Page 111

« C'est impossible. On ne peut le déplacer sans couper l'arbre dans lequel il est fabriqué. »

Page 112

Dans les deux cas, le dernier engrenage tourne dans le sens inverse des aiguilles d'une montre.

Page 113

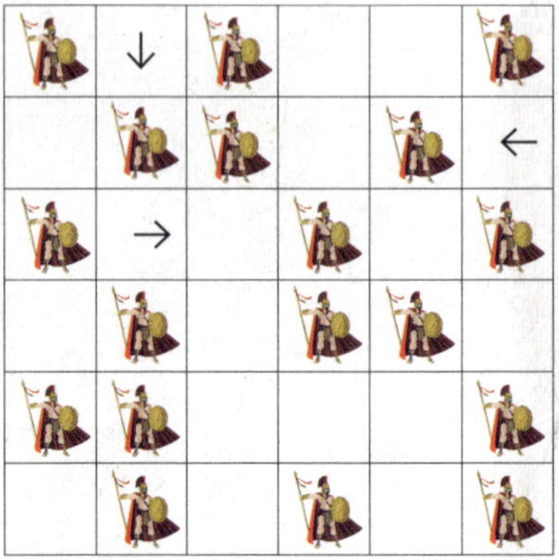